Sabine Standenat

Wenn nichts mehr ist, wie es war ...
Kraft für einen Neubeginn finden

Für meine Hündin Bonni,

die 18 Jahre bei mir war und mich durch eine der schlimmsten Phasen meines Lebens begleitet hat. Danke, dass du erst über die Regenbogenbrücke gegangen bist, als es mir besser ging. Ich liebe dich.

ISBN: 978-3-7088-0657-0

Copyright: Kneipp Verlag GmbH und Co KG
Lobkowitzplatz 1, A-1010 Wien
www.kneippverlag.com

Autorin: Mag. Sabine Standenat
Lektorat: Heidi Hölbling-Fellhuber
Korrektorat: Marion Mauthe
Grafik: Sebastian Carl, Amerang
Umschlaggestaltung: Extraplan, Wien
Illustrationen: fotolia/Picture-Factory
Autorenfoto: Manfred Baumann
Druck: Theiss GmbH
A-9431 St. Stefan
Printed in Austria

1. Auflage, September 2015

Sabine Standenat

Wenn nichts mehr ist, wie es war …

Kraft für einen Neubeginn finden

kneipp verlag
WIEN

INHALT

VORWORT

Wie auch immer dein persönlicher Schmerz sich zeigt – ich kann dich verstehen! Jedes Leid, besonders wenn es schon lange dauert, erzeugt Verzweiflung, Wut, Leere, Einsamkeit, Ohnmacht, Hilflosigkeit, Hoffnungslosigkeit, Angst, manchmal Hass und oft körperliche Beschwerden. Es hat Auswirkungen auf den Alltag, die Beziehung zu anderen Menschen und auf die Art, wie du dich selbst behandelst. Ich bin durch all das gegangen. Doch ich habe einen Weg gefunden, meinen Schmerz zu mildern oder ihn zu beenden. Und davon möchte ich dir erzählen.

Sabine Standenat

SO SAH MEIN LEBEN JAHRELANG AUS

Den Großteil meines Lebens litt ich an schweren Panikattacken, die meinen Alltag extrem belasteten. Auch wenn ich nicht unmittelbar von einem Anfall gebeutelt wurde, lebte ich in der ständigen Angst davor. Ich hatte Angst, dass dieses Elend niemals aufhören würde, Angst davor, so weiterleben zu müssen, und Angst davor, zu sterben. Kurz: Ich hatte ständig Angst.

Immer wieder musste ich mein ohnehin schon extrem eingeschränktes Leben „unterbrechen“, weil die Angst alles beherrschte und gar nichts mehr ging: drei Mal für ein halbes, einmal für ein ganzes Jahr. In dieser Zeit lag ich teilweise völlig geschwächt im Bett, litt mehrmals täglich unter Todesangst und konnte meine Wohnung kaum verlassen. Auch an besseren Tagen bewegte ich mich oft nur innerhalb eines gewissen Radius. Diese „geschützte Werkstätte“ konnte ich nur mit einem „Kindermädchen“ verlassen, denn ich hätte ja einen Panikanfall erleiden können und das war alleine nicht zu ertragen. Jeder, der das Vollbild einer Panikattacke erlebt hat, weiß, wovon ich spreche. In den schlimmsten Phasen musste immer jemand erreichbar sein, der im Notfall auch kommen würde. Das war natürlich eine ungeheure Belastung für meine Bezugspersonen und an dieser Überforderung zerbrach so manche Freundschaft.

Zu alledem litt ich unter ständigen Rücken- und Nackenschmerzen. Manchmal waren sie erträglich, sehr oft jedoch nicht. Schließlich erhielt ich die Diagnose: sieben Bandscheibenvorfälle. Auch Arthrose in beiden Zehengrundgelenken und häufige Migräneattacken verursachten mir Schmerzen. Ich litt an Neurodermitis – mein Körper war über 35 Jahre lang mit Ekzemen übersät. Das sah nicht nur hässlich aus, sondern machte mich durch den ständigen Juckreiz fast wahnsinnig. Zu all diesen Beeinträchtigungen gesellten sich noch plötzlich auftretende Übelkeitsattacken, die mit qualvollem Brechreiz verbunden waren. Immer wieder hatte ich Schwächeanfälle, die mich zum sofortigen Hinlegen zwangen. Auch Schlafstörungen machten mir extrem zu schaffen. Oft konnte ich nicht einschlafen und wenn doch, wachte ich immer wieder auf. Ich litt an vielen Ängsten, auch an starker Klaustrophobie und konnte deswegen keine öffentlichen Verkehrsmittel benutzen. Kino und Theater bedeuteten Stress pur und so ging ich in keine Vorstellungen mehr. Restaurantbesuche waren manchmal möglich, manchmal nicht. Die meisten so genannten Freizeitvergnügungen fielen aus, da jede zusätzliche Aktivität nur weitere Anspannungen mit sich brachte. Alle Kraft, die ich aufbringen konnte, benötigte ich für meine Arbeit. Wegen meiner vielen „Ausfälle" lernte ich auch etwas darüber, wie es sich anfühlt, wenn man kein Geld hat. Obwohl ich eigentlich sehr kommunikativ bin, entwickelte ich Angst vor Menschen: Wenn andere herausfänden, wie meine Verfassung tatsächlich war, würden sie mich verspotten und ablehnen. Wer konnte schließlich nur annähernd verstehen, dass es mir dauernd schlecht ging? Beeinträchtigungen, die hie und da existieren, sind für die meisten ja noch zu akzeptieren, aber dieses ununterbrochene Unwohlsein stieß auf Unverständnis. Oft bekam ich zu hören, dass ich mich nicht so gehen lassen solle. Ich weiß noch, wie mich die Aussage „Was, dir ist schon wieder mies? Das gibt es doch nicht!" gekränkt hat. Ich ließ mich nämlich überhaupt nicht gehen, sondern überschritt in puncto Zusammenreißen regelmäßig meine Grenzen. Ich tat, was ich unter diesen Umständen nur konnte, aber niemand erkannte die einsamen Höchstleistungen, die ich fast jeden Tag erbrachte. Ich sehnte mich so sehr nach echten Gefährten. Aber ich war überzeugt davon, dass niemand mich ertragen würde. Ich hielt mich ja selbst kaum aus! Also zog ich mich immer wieder zurück.

Es gab keinen einzigen Tag, an dem ich beschwerdefrei war. Ich fand auch keine Möglichkeit, mich zu erholen – weder wenn ich eine kleine Ruhepause auf einer Liege machte, noch bei Spaziergängen oder im Urlaub. Denn ich nahm mich ja überallhin mit. „Ich kann nicht mehr. Und ich will nicht mehr", kannst du dir vorstellen, wie oft ich das dachte und fühlte? Ich weiß natürlich, dass es Schicksale gibt, die noch viel schlimmer sind. In meiner Situation schien mir allerdings extrem belastend, dass mein Leid nicht nur so „vielfältig" war, sondern auch, dass es sozusagen im Geheimen stattfand. Da niemand verstand, durch welche Hölle ich tagtäglich ging, wollte ich auch, dass nur ein kleiner Kreis Bescheid wusste. Ständige Angst und chronische körperliche Beschwerden sind die Hölle und es gibt keinen Platz auf der Welt, wohin du davor fliehen kannst. Ich wundere mich manchmal, wie ich all das überlebt habe – die vielen Beschwerden, die Rückfälle, die Hoffnungslosigkeit und die Verzweiflung. Aber ich bin immer noch da. Und meine Erfahrungen können nun vielleicht auch dir helfen, dein Leid zu bewältigen. Warum auch immer du dir nun denkst: „Ich kann und will nicht mehr!" – fühle dich bitte zu hundert Prozent verstanden.

WORUM GEHT ES WIRKLICH BEI DEINEM LEID?

Leid zeigt sich in vielen Gesichtern. Aber im Endeffekt ist immer ein Grundthema die Ursache deines Schmerzes: Liebe, die du für dich als nicht vorhanden empfindest oder die du glaubst, verloren zu haben.

Spirituell gesehen sind wir alle göttliche Liebesfunken. Das ist unser wahres Wesen und deshalb ist es unmöglich, dass wir „ohne Liebe“ sind. Aber das haben wir vergessen und deshalb schöpfen wir keinen Trost aus dieser Tatsache. Was habe ich von dem Wissen, dass ich, das ganze Universum und Gott reine Liebe sind? Wie hilft es mir, mein Leben auf dieser Erde nicht nur irgendwie zu bewältigen, sondern auch zu genießen? Das ist nicht nur eine gute Frage, es ist die entscheidende! „Deine Art von Leid“ hilft dir, sozusagen maßgeschneidert, dich wieder daran zu erinnern, wer du wirklich bist. Und dieses Wissen steht uns Menschen seit jeher zur Verfügung. Es strömt aus vielen Quellen und wartet darauf, dass wir bereit sind, uns dafür zu öffnen. Wenn du ehrlich bist, fühlst du es auch in deinem Herzen und das ist der entscheidende Kompass, nach dem du dich richten kannst. Du erhältst immer Botschaften deiner Seele – sie sagt dir, was in einem bestimmten Fall das Beste für dich ist. Immer. Aber hörst du auch darauf? Ich habe das oft nicht getan, jetzt gelingt es mir häufiger. Und dafür habe ich mein Leid offenbar gebraucht.

Ich sage jetzt etwas, das dir wahrscheinlich gar nicht gefällt, aber auch ich musste mir das eigestehen: Du und ich, wir sind aus gutem

Grund da, wo wir sind. Keine andere Situation würde uns eine so große Chance bieten, uns zu erinnern. Und die „Erinnerungsaufgabe" lautet immer:

- Erkenne, wer du wirklich bist – ewige Seele, Teil des Liebesganzen, auf einer Reise, die du dir einst selbst ausgesucht hast.
- Du hast dich entschieden, hierher zu kommen, um Erfahrungen zu machen. Warum du das getan hast, bleibt vielleicht ein Rätsel, aber es gab einen Grund. Wenn du also nicht verstehst, wieso dir oder anderen etwas geschieht – geh davon aus, dass irgendwann in einer größeren Ordnung alle Beteiligten damit einverstanden waren. Das bedeutet nicht, Grausamkeiten und Schrecknisse jeder Art gutzuheißen. Aber deine Seele weiß, dass ihr in Wahrheit nichts passieren kann. Und wenn du stirbst, beendest du nur diese bestimmten Erfahrungen. Wenn du jemanden durch den Tod verlierst, ist das natürlich unendlich traurig. Ein geliebter Mensch ist dann nicht mehr da. Aber eine Seele, die gegangen ist, erkennt alle Zusammenhänge und lächelt.
- Du bist mächtig, viel mächtiger als du denkst. Wende diese Macht also weise an – für dich und andere.
- Auch wenn du dich wie eine einzige Wunde fühlst – du bist nicht dein Leid! Du bist auch nicht dein Körper, deine Gedanken und Gefühle. Aber du hast all das als Werkzeug zur Verfügung.
- Jeder Mensch, der dich verletzt, hat eine Botschaft für dich. Empfinde alle Gefühle, aber dann zieh die richtigen Schlüsse daraus: Was sollst du durch diese Person erkennen? Meist geht es darum, dich selbst mehr zu lieben, Grenzen zu ziehen, dir deinen Platz zu nehmen.
- Das Leben hat keinen Sinn, außer dem, den du ihm gibst. Warte also nicht ewig darauf, dass der Sinn sich dir plötzlich offenbart. Das kann natürlich geschehen – aber es ist auch eine Entscheidung.
- Halte für möglich, dass dein Sinn lauten könnte: Sei glücklich!
- Lang anhaltendes Leid will dich dazu bewegen, einen anderen Weg einzuschlagen als bisher. Ändere also zunächst irgendetwas.

Geh einen anderen Weg zur Arbeit, benutze einen neuen Lippenstift oder trage das erste Mal einen auf, kauf dir eine ungewöhnliche Brille, lass dir einen Bart wachsen oder rasiere ihn ab. Es ist leichter, solche Dinge zu verändern, als gleich das ganze Leben. Und trotzdem signalisierst du deinem Unterbewusstsein, dass nun eine neue Melodie erklingt. Wenn es dir so schlecht geht, dass gar nichts möglich ist, dann gehe zunächst in die völlige Akzeptanz. Kämpfe nicht mehr, lass den Widerstand los und „gib auf". Vertraue darauf, dass die Lösung deiner Probleme schon da ist. Du kannst sie nur noch nicht erkennen.
- Deine Heilung kann Schritt für Schritt geschehen, aber auch plötzlich und schnell. Lass dich von Rückschlägen nicht entmutigen!

Wenn du leidest, geht es um folgende Fragen:
- Warum haben mich meine Eltern nicht genug geliebt?
- Warum liebt mich niemand?
- Warum liebt mich eine bestimmte Person nicht?
- Warum liebe ich mich nicht?
- Warum liebt Gott mich nicht?

Wie auch immer dein persönlicher Schmerz sich zeigt, zumindest einer dieser Punkte ist die Ursache deiner Probleme. Wenn wir uns ungeliebt fühlen, ziehen wir als Kind unbewusst folgenden Schluss: „Ich bin schlecht, ich bin böse, mit mir stimmt es etwas nicht, denn sonst würden sie mich ja lieben." Mit diesem Muster wachsen wir auf und die alte Prägung erfüllt sich:
- Du hast das Gefühl, auf allen Ebenen versagt zu haben und weiter zu versagen. Du konntest deine Eltern nicht dazu bringen, dich zu lieben, du konntest andere nicht dazu veranlassen, was also sollte dir sonst gelingen?
- Du wendest dich „von der Welt ab" und verbitterst immer mehr.
- Du bestrafst dich selbst. Es gibt unendlich viele Möglichkeiten, sich selbst zu bestrafen. Aber das bedeutet nur, dass du selbst dir die Liebe vorenthältst. Zu einem Zeitpunkt X hast du erfahren,

dass du sie offenbar nicht verdienst, ihrer unwürdig und somit wertlos bist. Also beginnst du damit, dich zu zerstören – mit Süchten, mit Menschen, die dir schaden, mit dem Verharren in schädlichen Situationen, negativen Gedanken und Gefühlen.

- Du bestrafst andere mit Liebesentzug, nicht nachvollziehbarem Rückzug, den du auch nicht erklärst, wechselhaftem Verhalten. Aber im Endeffekt bestrafst du damit wieder nur dich selbst.
- Du fühlst dich als Opfer und lebst dein Leben lang in dieser Haltung.

Alte Muster sind tief verwurzelt. So wirst du dich wie von Zauberhand immer in Situationen wiederfinden, in denen du versagst, nicht das bekommst, was du willst, Misserfolge erleidest, in denen etwas schon wieder „nicht klappt", dich jemand erneut betrügt, hintergeht oder nicht liebt. Es geht darum, herauszufinden, wo die alten Wunden verborgen sind. Bis du bereit bist, anders mit den entsprechenden Situationen umzugehen, werden sie „von außen" berührt werden. Aber auch, wenn du sie nicht findest – der Weg in ein neues Leben führt über die Liebe. Denn deine Aufgabe lautet immer: Erkenne dich selbst! Liebe dich selbst! Immer!

Wenn du also nicht weißt, was du machen sollst, dann frage dich: „Wie würde ich denken, fühlen und handeln, wenn ich mich schon so recht von Herzen lieben würde?" Denn wenn du das tust, wirst du mit der Zeit auch wieder „können und wollen".

URSACHEN FÜR DEINEN SCHMERZ

Was können nun die Gründe dafür sein, dass du nicht mehr kannst und nicht mehr willst?

Ich bin verlassen worden

Ist ein wichtiger Mensch einfach gegangen und hat dich zurückgelassen? Hast du ihm deinen Schmerz gezeigt, ihn angefleht, das nicht zu tun – und er ging dennoch? War eine andere Person im Spiel, deretwegen er dich verlassen hat? Und kannst du bis heute nicht verstehen, warum er das getan hat?

Vielleicht liegt der Grund für dein Nicht-mehr-Können und Nicht-mehr-Wollen darin, dass du das Zerbrechen einer bestimmten Beziehung nie überwunden hast. Das ist zutiefst verständlich, weil es sich wie eine Todeserfahrung anfühlt, wenn man verlassen wird. Ich kenne diesen Zustand sehr gut. „Er" ging und ließ mich vollkommen zerstört zurück. Ich dachte, ich würde aufhören zu atmen, aufhören zu existieren. Der Schmerz war so unermesslich groß, ich konnte mir nicht vorstellen, dass er je enden würde. Und wenn, dann nur durch meinen Tod. Denn ich war sicher, dass ich diese „Wucht an Auflösungsgefühlen" nicht überleben würde. Für fast jeden ist das Verlassen-Werden eine Art Sterbeprozess. Ein Mensch geht und nimmt so vieles mit: Gemeinsamkeit, eine erhoffte Zukunft, Pläne, Zärtlichkeit.

Und du glaubst, dass dieser Mensch dir auch deinen Wert nimmt. Denn was kannst du schon wert sein, wenn dich jemand freiwillig verlässt? Diese Person hätte dich „haben können". Du warst da. Aber die Entscheidung fiel gegen dich. Dieses Gefühl absoluter Wertlosigkeit berührt deine tiefsten Wunden. Denn als Kind bist du – wie die meisten von uns – gefühlsmäßig oft daran „gestorben", dass du nicht die Zuwendung, Aufmerksamkeit und positive Unterstützung bekommen hast, die du gebraucht hättest. Daraus hast du geschlossen, dass du unmöglich wichtig sein kannst. Für ein Kind ist diese Erkenntnis so dramatisch wie das Auslöschen seiner Existenz. Weil er genau diese Thematik wieder „erweckt", trifft der Schmerz des Verlassen-Werdens später auch so unermesslich. Aber das hat einen tieferen Sinn: Jede alte Wunde will, dass du dich um sie kümmerst. Du könntest dir sagen: „Es ist sehr, sehr schlimm, dass X nicht mehr in meinem Leben ist. Ich bin unsagbar traurig, zutiefst verzweifelt und manchmal extrem wütend. Wahrscheinlich kann ich mein Leben eine Zeitlang nicht so weiterführen wie bisher, vielleicht bin ich arbeitsunfähig. Ich weine fast ständig oder beim kleinsten Anlass, vermisse X unendlich, hasse X, will nichts anderes, als X wieder zurückhaben. Ich denke, dass ich es nicht überleben werde. Aber das werde ich! Denn mein Wert hängt nicht davon ab, ob ich verlassen worden bin oder nicht. Meinen Wert kann mir niemand geben und daher auch niemand nehmen. Ich empfinde meine Gefühle jetzt ganz bewusst und fange irgendwann neu an!" Versuche es!

Ich fühle mich überfordert

Arbeitest du in einem Vollzeitjob, versorgst du eine Familie und hast du auch sonst dies und das zu tun? Bist du alleinstehend und musst dich um alles selbst kümmern? Betreust du deinen pflegebedürftigen Vater, ein krankes Kind, den Partner, der einen Unfall hatte? Für dich selbst bleibt dir keine Zeit und niemand anerkennt deinen unermüdlichen Einsatz. Du erfüllst alle Ansprüche, die an dich gestellt werden, denn du schaffst es einfach nicht, für deine Bedürfnisse zu sorgen und Grenzen zu setzen. Nur zu oft kennst du eigene Wünsche nicht einmal und bist selbst dein größter Antreiber. Und so funktionierst du immer weiter nach den Regeln der anderen oder deines inneren Richters. Bis zu dem Moment, in dem du nicht mehr willst und nicht mehr kannst – und Psyche und Körper dir das auf sehr deutliche Weise zeigen. In diesem Fall ist ein Zuviel ganz klar nachvollziehbar.

Aber es gibt auch eine Überforderung, die andere nicht verstehen können. Vielleicht kannst du wegen deiner Panikzustände nur unter größter Anstrengung einen Supermarkt aufsuchen, nur unter Stress die Wohnung verlassen oder deiner Tätigkeit nachgehen. Möglicherweise sind Depressionen dafür verantwortlich, dass du schon bei den kleinsten Anforderungen unglaublich erschöpft bist und jede Art von Alltag fast unüberwindbar scheint. Oder du bist hochsensibel. Dann nimmst du Reize aus deinem Inneren und aus der Umgebung viel stärker wahr. Durch dein feines Nervensystem bist du auch viel schneller überfordert als andere. Es hat viele Jahre gedauert, bis ich erkannte, dass ich zu dieser Gattung Mensch gehöre. Überforderung ist also immer subjektiv!

Wenn dir – egal aus welchem Grund – alles zu viel ist und du keine Möglichkeit siehst, diesem Zustand zu entkommen, wirst du wahrscheinlich denken: „Mein Gott, ich kann nicht mehr." Aber dieses Gefühl fordert dich auf, dein Leben auf die eine oder andere Art neu zu ordnen. Du schaffst das!

Menschen ziehen sich immer wieder von mir zurück

Kennst du folgende Situation? Du lernst jemanden kennen und hast das Gefühl: Das könnte eine Freundschaft werden! Du verstehst dich gut mit dieser Person und freust dich richtiggehend über den Kontakt. Aber dann geschieht immer das Gleiche – früher oder später ziehen sich die Menschen wieder zurück. Sie melden sich nicht mehr oder reagieren auf deine Kontaktversuche mit Ausreden. Du bist traurig, enttäuscht und schließlich auch wütend. Und vor allem verstehst du nicht, warum dir das immer wieder passiert. Irgendwann bist du so verbittert oder verletzt, dass nun du dich zurückziehst. Du lässt niemanden mehr wirklich an dich heran. Wenn so ein Zustand lange anhält, ist meist eine depressive Verstimmung nicht weit. Und sehr leicht macht sich dann ein bestens bekanntes Gefühl breit und du denkst dir: „Ich will nicht mehr." Immer wieder scheinst du in diese Situation zu geraten – ungewollt. Aber auf geheimnisvollen Wegen führst dennoch du Regie. Deine Ängste sind dafür verantwortlich, dass du instinktiv Personen anziehst, die keine Nähe zulassen können. Vielleicht hast du auch Eigenschaften entwickelt, die andere vertreiben. Wenn du erkennst, was tatsächlich vorgeht, wird sich das ändern!

Was auch immer ich versuche – es klappt nicht!

Du hast wirklich schon alles probiert, um einen geeigneten Job zu bekommen, aber bis jetzt hat es nicht funktioniert. Deine Erkrankung macht dir zu schaffen, aber niemand konnte dir bisher helfen. Du tust alles dafür, dass mehr Gemeinsamkeit in eurer Beziehung Einzug hält, aber dein Partner steigt nicht darauf ein – auch gute Gespräche verweigert er. Du hast schon viele Therapien gemacht, Seminare besucht und Bücher gelesen, aber deine Ängste, Panikattacken oder Depressionen haben sich nicht gebessert. Nicht ein kleines bisschen. Du warst auf „so gut wie jeder" Partnerbörse, hast Singlepartys und Speed-Dating-Treffs besucht. Freunde haben versucht, dich zu verkuppeln, aber du bist immer noch allein. Dabei wünschst du dir nichts sehnlicher als eine Beziehung. Vielleicht bist du auch damit beschäftigt, ein Familienmitglied oder einen Freund „clean" zu bekommen – los von Alkohol und anderen Drogen. Möglichweise steckst du all dein Bemühen in den Versuch, deine Tochter von der Magersucht zu heilen. Oder du hast dich darin erschöpft, endlose Streitigkeiten in der Familie zu schlichten. Die Liste deiner sinnlosen Versuche, etwas zu erreichen, kann vielfältig sein: endlich eine ruhige Wohnung finden, weil der

Autolärm Tag und Nacht nicht endet, den Traum von einem kleinen Garten verwirklichen, eine echte Freundschaft eingehen, mehr „gute" Kontakte pflegen oder endlich einen Arzt entdecken, der dir helfen kann. Aber alles, was du diesbezüglich unternommen hast, blieb ohne Erfolg. Jetzt bist du verzweifelt, böse oder sehr müde und denkst dir vielleicht: „Ich kann nicht mehr." Aber du wirst deinen Weg finden. Wenn nicht morgen, dann übermorgen.

Ich bin nicht tot, aber auch nicht lebendig

Kennst du dieses Gefühl? Du bist zwar da, funktionierst irgendwie, aber „leben" kann man das nicht wirklich nennen. Die Tage rinnen ineinander, sind gefüllt mit Angst und Leid oder einer erschreckenden Gleichgültigkeit. Und du hast das Gefühl, dass sich daran auch nichts ändern wird. Ich verbrachte sehr lange Zeit in dieser Verfassung. Ganz sicher war ich nicht tot, aber genauso sicher lebte ich auch nicht. Entweder überfiel mich große Verzweiflung oder der Gedanke an den Frieden des Todes. Mein Denken kreiste nur um meinen schlimmen Zustand und das „Leben da draußen" floss an den Fenstern vorbei – immer wieder konnte ich das Haus nicht verlassen. Vielleicht bist du sehr wohl in der Lage, hinauszugehen, aber in dir drinnen ist alles „gestorben". Du spürst deine Gefühle nicht mehr, weil du sie wegen der vielen erlittenen Verletzungen abgespalten hast. Du nimmst auch keinen Anteil mehr an den Dingen, weil dir jede zusätzliche Belastung einfach zu viel ist.

Möglicherweise kannst du deinem Beruf nachgehen, erledigst deine Plichten oder stürzt dich in Freizeitaktivitäten. Es kann auch sein, dass du keine besonderen Beschwerden hast, nicht an Schlaflosigkeit oder Schmerzen leidest. Nur einem sensiblen Beobachter fällt auf, dass du selten lächelst oder lachst. Und wenn doch, dann bewegt sich nur der Mund, deine Augen bleiben unbeteiligt. Oft hörst du nicht wirklich zu, oft zeigst du kein Einfühlungsvermögen für andere oder bleibst selbst bei heftigen Geschehnissen merkwürdig unbeteiligt. Manchmal sagst du Sätze wie „Ich spüre mich nicht“ oder „Ich kann gar nicht sagen, wie es mir geht“. Der Zustand eines „lebendigen Toten“ ist schlimm. Aber du lebst. Triff also eine Entscheidung für das Leben. Immer für das Leben.

Ich leide an Depressionen

Manchmal sind Depressionen so schlimm, dass nichts mehr geht. Das große Nichts hat dich verschlungen oder ist gerade dabei, es zu tun. Eine unglaubliche Traurigkeit, namenlose Verzweiflung, starke Angst oder absolute Sinnlosigkeit bestimmen dein Gefühlsleben. Vielleicht fühlst du gar nichts mehr. In meinem Falle gab es die „Glasglocke“. Dieses Ding senkte sich von oben herunter und umschloss mich völlig. Ein tiefes „Vernichtungsgefühl“ breitete sich in mir aus. Ich war wie gelähmt und hatte keine Ahnung, wie ich aus diesem Zustand jemals wieder herauskommen würde. Jede Bewegung gelang nur mit größter Anstrengung und ich konnte kaum die Lippen bewegen, um zu sprechen.

Nicht immer äußert sich eine Depression so dramatisch. Und die Depression schlechthin existiert überhaupt nicht. Es gibt eine Fülle von Definitionen und Einteilungskriterien – für den Laien sind diese aber in der Regel zu wissenschaftlich, um hilfreich zu sein. Vielleicht kannst du nicht schlafen, leidest an verschiedenen körperlichen Symptomen oder einer chronischen Erkrankung. Möglicherweise bist du süchtig – nach Essen, Nikotin, Alkohol, Drogen, Computern, nach Schönheit oder einem anderen Menschen. Oder du fühlst dich, als hinge eine „schwarzen Wolke“ über deinem Leben. Nichts macht Freude, alles scheint leer und ohne Sinn. Wohlmeinende Ratschläge wie „Du musst positiv denken“ oder, weniger freundlich, „Jetzt reiß dich doch zusammen“ machen dich hilflos oder wütend. Wer je Depressionen erlebt hat, weiß, dass beides einfach nicht möglich ist. In anderen Fällen stehen starke Ängste bis hin zu Panikattacken im Vordergrund. Depressionen können sich, sozusagen maskiert, auch in ununterbrochener Aktivität äußern. Wie der Hamster in seinem Laufrad absolvierst du dann dein Leben und erträgst keine Pausen. Denn wenn du das Rad verlassen würdest, müsstest du dich mit quälenden Ängsten oder einer inneren Leere auseinandersetzen. Das darf nicht passieren und so füllst du deine Tage (und nicht selten auch deine Nächte!) mit Beschäftigung. Das kann Arbeit sein, Sport, Hilfe, die du anderen anbietest – alles, was von der Begegnung mit dir selbst ablenkt. Du bist depressiv, weil du wichtige Teile deiner Persönlichkeit nicht lebst. In Wahrheit bist du auch unglaublich wütend, hast aber Angst davor, es zu spüren. Und so scheint es dir unbewusst weniger bedrohlich, in die Ohnmacht zu gehen.

Depression macht einsam, selbst wenn du eine Familie oder Freunde hast. Denn der dunklen Nacht deiner Seele stehst du ganz alleine gegenüber. Es gibt keine wirklichen Begleiter, weil selbst wohlmeinende Menschen nicht fühlen können, was du durchmachst. Wenn du überhaupt in der Lage bist, diesen Zustand zu schildern, dann gibt es niemanden, der dich wirklich versteht. Denn die Depression eines anderen verläuft meist völlig anders als deine. Immer noch werden Betroffene belächelt oder als „Schwächlinge" und „eingebildete Kranke" bezeichnet. Doch das bist du nicht. Du hast bisher nur noch keine andere Möglichkeit gefunden, mit deinem Schmerz umzugehen. Aber du wirst den richtigen Weg finden.

Niemand respektiert mich

Du willst in einer Gruppe etwas sagen. Aber kaum hast du begonnen, wirst du auch schon unterbrochen. Deine Bekannten wissen genau, dass du Vegetarier bist. Aber wenn sie dich zum Essen einladen, wird das immer „vergessen". Du wartest an der Theke im Supermarkt und die Verkäuferin nimmt wie selbstverständlich jemand anderen vor dir dran. Deine Mutter kommt einfach bei dir vorbei, obwohl du sie gebeten hast, vorher anzurufen. Dein Partner erzählt in einer großen Runde Geschichten, die du ihm im Vertrauen mitgeteilt hast. Wenn du dich darüber aufregst, meint er, dass du nicht so empfindlich sein sollest. Leute machen sich über dich lustig, beachten deine völlig berechtigten Beschwerden nicht oder lassen dich einfach nicht zu Wort kommen. Und nur zu oft ist das, was du willst, fühlst und denkst jedem egal. Wer solche Erfahrungen macht, hat wahrscheinlich Ähnliches schon in der Kindheit erlebt. Das alte Muster lautet: „Ich bin nicht wichtig" und dann durchziehen genau solche Erfahrungen das berufliche und private Leben. Partner, Kinder, Eltern, Chefs, Kollegen, Freunde, Bekannte, Verkäufer, Busfahrer, Taxilenker – alle übersehen dich, nehmen deine Wünsche nicht ernst und lassen dich auf vielerlei Arten im Stich.

Die Frage, die du dir stellen solltest, lautet: „Respektiere ich mich denn selbst?" Aber auch wenn du das mit einem klaren Nein beantworten musst – du kannst jederzeit damit beginnen.

Ich fühle mich so fremd auf dieser Welt

Hast du manchmal das Gefühl, dass du eigentlich gar nicht hierher gehörst? Vielleicht denkst du, dass man dich auf der Erde ausgesetzt und zurückgelassen oder dich strafversetzt hat. Du bist „fremd unter Fremden" und verstehst die meisten Menschen nicht. Auch „Nahestehende" empfindest du in Wahrheit als weit weg. Die ganze Welt scheint nach Regeln zu funktionieren, die dir keiner mitgeteilt hat. Und selbst wenn du sie kennen würdest, wären es keine Regeln, mit denen du dich wohlfühltest.

Vielleicht bewältigst du trotz dieses Empfindens den Alltag gut. Möglicherweise hast du eine Familie und stehst „mitten im Leben". Niemand würde auf die Idee kommen, dass du so empfindest. Aber du weißt es. Die Einsamkeit macht dir extrem zu schaffen und du wünschst dir nichts sehnlicher als Gefährten, die dir vom Wesen her ähnlich sind. Es gibt diese Weggefährten und du wirst sie finden.

Mein Kind hat den Kontakt zu mir abgebrochen

Deine Tochter will dich nicht mehr sehen? Dein Sohn reagiert schon ewig nicht auf deine Anrufe oder Kontaktversuche? Und du fragst dich: Warum ist das bloß so? Du hast alles getan, was in deiner Macht steht, um diesen Zustand zu beenden, um die Dinge zum Besseren zu wenden. Aber ohne Erfolg. Ich habe in den vielen Jahren als Psychologin immer wieder mit Müttern und Vätern gesprochen, deren erwachsene Kinder sie zurückweisen. Diese Eltern sind verzweifelt und manchmal voller Groll oder sie haben resigniert. Fast immer geht es darum, dass dein Kind sich irgendwann von dir verraten gefühlt hat. Auch wenn du das entrüstet zurückweist – gib euch eine neue Chance, indem du versuchst, wirklich zu verstehen. Dann können Wunder geschehen.

Ich werde immer nur gekränkt

Ich bin im Sternzeichen Krebs. Wer dieses Schicksal mit mir teilt, weiß, dass unsereins sehr leicht zu kränken ist (eventuell fallen noch Jungfrauen und Fische in diese Kategorie). Lange Zeit war ich die „Queen des Gekränkt-Seins". Jemand schaute so oder anders, ein falsches Wort fiel, meine deutlich sichtbare schlechte Befindlichkeit wurde von Familie, Freunden oder Partnern übergangen – und schon startete das Programm: „Ich bin gekränkt".

Auch das Thema Loyalität spielte eine große Rolle in meinem Leben. Wer hielt zu mir? Wer stand hinter mir? Wer ließ mich im Stich? Bist du auch so sensibel, dass dich Verhaltensweisen, Aussagen oder Gesten und Blicke leicht verletzen können? Dann weißt du, wie schwer diese Dinge auf der Seele lasten können – es scheint wie ein Fluch zu sein und geschieht immer wieder (manche Menschen haben offenbar spezielle Antennen dafür und finden ihr Opfer schnell).

Wenn du dich häufig kränkst und keine passende Möglichkeit siehst, mit Situationen umzugehen, dann fühlst und denkst du auch immer wieder: „Ich kann und will nicht mehr." Aber heute kannst du Kränkungen anders verarbeiten als in der Kindheit, durch eine Aussprache zum Beispiel, in der du – durchaus auch mit heftigen Argumenten – deine Position vertrittst. Probiere es!

Ich leide unendlich, aber es kümmert niemanden

Eigentlich sieht man, dass es dir nicht gut geht. Deine Augen sind oft ein wenig verquollen, weil du häufig weinst. Du bist blass, hast dich zurückgezogen und tust nur das Nötigste. Du hast zu- oder abgenommen. Du bist stiller als sonst oder komplett überdreht. Vielleicht sagst du sehr wohl, was dir zu schaffen macht, aber die Leute hören nur oberflächlich zu. Und diese „Leute" können durchaus auch nahestehende Menschen sein.

Ich fand es furchtbar, dass ich jahrzehntelang extrem litt und keiner das verstehen konnte. Wenn ich von meinem Leben mit der Panik, den körperlichen Schmerzen und den vielen Befindlichkeitsstörungen erzählte, erntete ich ungläubige Blicke. Die meisten sagten, dass sie sich das, wenn sie mich ansahen, nicht vorstellen konnten, auch die Fülle meiner Beschwerden überforderte viele. Einerseits wollte ich nicht wie das Opfer erscheinen, als das ich mich fühlte, andererseits verstärkte gerade diese Einstellung meine unendliche Einsamkeit.

Wer kann sich schon unter Panikattacken wirklich etwas vorstellen? Sie nehmen dir den Atem, den sicheren Stand, lassen deinen Körper zittern, bringen die Verdauung komplett durcheinander, lösen Schwindel und Todesangst aus. Das alles kann in Sekundenschnelle beginnen und stundenlang anhalten. Panikattacken fordern deine Würde und zu guter Letzt deine Lebensqualität. Denn eine Existenz „in diesem schlimmen Zustand" ist im besten Falle ein Überleben. Das Leid ist unermesslich und jeder, der betroffen ist, leistet Übermenschliches, um nicht aufzugeben. Aber niemand erkennt das. Wir werden

„hysterisch“ genannt und erhalten den Rat, „positiv zu denken“. Niemand sieht die unerträgliche Spannung, unter der wir 24 Stunden am Tag stehen. Denn wo man auch ist, und was man auch tut – die Panikattacke kann jede Sekunde ausbrechen. Und sie verwandelt Menschen in wimmernde Bündel, die sich an die Hand ihres Todfeindes klammern würden, nur um Linderung zu erfahren.

Wenn es dir – egal auf welche Art – sehr schlecht geht und das niemanden kümmert, dann kann es geschehen, dass du nicht mehr willst. Aber gerade dann ist es deine Aufgabe herauszufinden, wie du dich selbst unterstützen kannst. Du kannst das!

Ich bin arbeitslos

Lang andauernde Arbeitslosigkeit kann die Stimmung derart verdüstern, dass sich Hoffnungslosigkeit und Depression breit machen. Die Tage ziehen sich endlos dahin, haben keine Struktur und das Geld reicht kaum oder gar nicht. Wenn du kein echter Lebenskünstler oder ausgeprägter Hobbymensch bist, wird dir mit der Zeit die Decke auf den Kopf fallen.

Natürlich kann es sein, dass du deinen Zustand auch eine Weile genießt. Du hast keine Pflichten, kannst ausschlafen und wenn du Glück hast, ist gerade Sommer. Aber wenn die Arbeitslosigkeit zu lange andauert, hört der Spaß irgendwann auf. Du schreibst unzählige Bewerbungen, auf die du keine Antwort erhältst. Wenn du doch zu einem Gespräch eingeladen wirst, „passt es irgendwie nicht“ und deine Hoffnung auf einen neuen Job zerplatzt – wieder und wieder. Nach vielen ereignislosen Wochen denkst du dir: „Ich kann nicht mehr. Ich will nicht mehr. Es hat ja doch alles keinen Sinn.“ Ich verstehe das, aber ich bitte dich: Nutze die „freie Zeit“ auch dafür, deine gesamte Berufssituation einmal zu überdenken.

Möglicherweise wurde dir die Arbeit „genommen“, weil du etwas ganz anderes machen sollst. Hast du deine besonderen Talente in die bisherige Tätigkeit eingebracht? War dein Beruf deine Berufung?

Bist du tatsächlich ein zufriedener Angestellter oder wärst du lieber Chef? Fordert dich die Arbeitslosigkeit nicht auf, einen neuen Weg zu gehen?

Eine meiner Klientinnen verlor ihre Arbeit als Buchhalterin und war verzweifelt. Sie erzählte mir, dass sie eigentlich Masseurin werden wollte. Heute hat sie einen Massagesalon, ist überglücklich und gibt ehrlich zu, dass sie sich ohne den Verlust ihres alten Berufes niemals getraut hätte, ihren Traum zu verwirklichen. Welche Chance wartet wohl auf dich?

Ich bin so schrecklich allein

Einsamkeit kann so schlimm sein, dass sie richtig wehtut. Ich habe sie immer dann als unerträglich empfunden, wenn ich fühlte, dass mich niemand wirklich verstand. Es ist schrecklich, wenn tatsächlich kein Mensch „da" ist, aber du kannst auch neben einer ständig anwesenden Person alleine sein. Vielleicht versuchst du, dieser Person etwas zu erklären, das dir wichtig ist. Oder du sehnst dich nach Zuwendung, einem Entgegenkommen, Aufmerksamkeit. Du wünschst dir nichts sehnlicher, als dass ein bestimmter Mensch begreift, was dein Herz bewegt. Du willst deine Gefühle teilen, in deinem Schmerz gesehen werden und dich in einen Arm kuscheln, der sich voll Liebe und Verständnis um dich legt. Du möchtest die Geborgenheit spüren, die du schon dein ganzes Leben vermisst – von jemandem an deiner Seite, jemandem, der dir liebevoll zeigt, dass du angekommen bist. Die meisten von uns wünschen sich Beziehungen voller Liebe, in denen wir so sein können, wie wir sind. Wir sehnen uns nach Wegbegleitern, mit denen wir im Takt „schwingen" und die Freud und Leid mit uns teilen. Aber allzu oft funktioniert das Leben nicht so.

Wenn du in dein Alleinsein hineinspürst – geht es darum, dass wirklich niemand da ist? Gibt es keinen, mit dem du gerne zusammen wärst? Hast du die Hoffnung schon aufgegeben, dass da jemals jemand kommen könnte?

Wenn du engere Kontakte mit anderen ablehnst, dann kannst du davon ausgehen, dass ganz schlimme Verletzungen zur Einstellung „Ich brauche niemanden“ geführt haben. Meist geht diese Einstellung mit einer Verbitterung einher und tut dir deshalb nicht gut. Natürlich brauchen manche mehr oder öfter Menschen um sich als andere. Aber frei gewähltes Alleinsein – wenn das Bedürfnis echt ist – wird in der Regel nicht als Belastung empfunden. Wenn du dich schon lange oder immer wieder einsam fühlst, kann das der Auftrag sein, etwas herauszufinden. Stell dir diese Fragen: „Wer bin ich wirklich? Und wie will ich leben?“

Ich fühle mich alt und habe mein Leben nicht gelebt

Ein nicht gelebtes Leben ist einer der Hauptgründe, warum manche Menschen sagen „Ich kann nicht mehr. Ich will nicht mehr.“ Das kann ich sehr gut verstehen. Wenn ich zurückschaue, kann ich sehen, dass mein Leben extrem belastet war, zu einem gewissen Zeitpunkt konnte ich keine Perspektive erkennen, ich konnte nicht glauben, dass sich meine Situation je ändern würde. Vor meinem inneren Auge sah ich mich im hohen Alter, mit noch mehr körperlichen Beschwerden, Depressionen und voller Einsamkeit. Kommen dir solche Gedanken bekannt vor?

Vielleicht hast du das Gefühl, dein Leben nicht gelebt zu haben, weil du kein Kind geboren hast, deine Familie zerbrochen ist, sich der große Wunsch nach einer glücklichen Partnerschaft nicht erfüllt hat oder es dir nicht gelungen ist, wirkliche Freundschaften aufzubauen, weil ewige Geldsorgen deine Jahre verdüstern, du nur für die Arbeit gelebt hast und das nun bereust, weil dein Lebenstraum sich nicht verwirklicht hat, du deine Bedürfnisse zu wenig beachtet hast oder weil du dich für andere aufgeopfert hast und nun mit leeren Händen dastehst. Die Worte „zu spät, es ist zu spät“ hallen durch deinen Kopf und nehmen dir jeden Lebensmut.

Wenn du die Dinge so siehst, dann denkst du dir bestimmt auch: „Wozu ist das alles noch gut?“ Aber wie immer dein Leben bisher verlaufen ist – es gibt auch jetzt noch viele Möglichkeiten für dich. Entscheide dich dafür, ab nun anders auf Herausforderungen zu reagieren als bisher. Was spricht dagegen, dass der Rest deines Lebens eine tolle Erfahrung wird?

Das Leben hat keinen Sinn für mich

Jemand sagt: „Ist das nicht ein herrlicher Tag?“ Und du denkst: „Ist das so?“ Du siehst die Sonne, aber ihre Strahlen wärmen dich nicht. Du blickst in den Sternenhimmel, doch seine majestätische Erscheinung löst nichts in dir aus. Wenn du ehrlich bist, fühlst du gar nichts – außer dieser Leere. Du empfindest Angst, tiefe Verzweiflung, absolute Hilflosigkeit und – immer seltener – Sehnsucht. Nichts hat mehr Sinn. Alles, was du denkst, ist: „Was um alles in der Welt mache ich hier?“

Ein Sinnlosigkeitsgefühl kann viele Gesichter haben. Vielleicht findest du alles zwecklos, weil du schon ewig als Single lebst, weil dich noch immer schlimme Erlebnisse aus deiner Vergangenheit quälen, weil dich ein wichtiger Mensch verlassen hat oder gestorben ist. Vielleicht blickst du auf keine einzige glückliche Beziehung zurück, hat sich dein Wunsch nach einer Familie nie erfüllt, eine schwere Erkrankung körperliche und psychische Spuren hinterlassen, ein Unfall bis heute Folgen. Vielleicht reicht das Geld nie, ist dein Kind drogensüchtig oder kriminell. Möglicherweise ist im „Außen“ aber auch alles in Ordnung und dir erscheint dein Leben dennoch leer. Du schaffst es einfach nicht, Erfüllung zu finden. Nichts bereitet dir Freude und Zufriedenheit und lässt dieses Sinnlosigkeitsgefühl verschwinden.

Das ist schlimm, aber wenn du dich daran „erinnerst“, wer du wirklich bist, und ganz langsam beginnst, dich selbst zu lieben, wird sich das ändern. Dann siehst du plötzlich eine Welt voller Möglichkeiten, die einen Sinn ergeben.

Ich habe immer Angst

Was du auch tust, wo du auch bist – immer ist eine ungeliebte Begleiterin an deiner Seite: die Angst. Manchmal weißt du genau, wovor du dich fürchtest. In anderen Fällen ist da nur dieses diffuse Gefühl des Unbehagens. Aber wirklich entspannt bist du so gut wie nie. Du hast vielleicht keine plötzlich auftretenden Panikattacken, aber die Angst als Grundgefühl dem Leben gegenüber ist sehr belastend. Du hast Angst vor dem Versagen, dem Alleinsein, vor dem Tod oder dem Verlust eines Menschen, Angst vor Naturkatstrophen, der Welt da draußen, davor, „es" nie zu schaffen oder davor, dich nie abgrenzen, „nie fliehen" zu können, du hast Angst vor fixen Terminen, Krankheit, der U-Bahn, dem Lift oder vor Flugzeugen. Du fürchtest dich vor Sexualität, vor Nähe, vor einer fixen Bindung. Drohende Konflikte, die Abnabelung von deinen Eltern, die Auseinandersetzung mit einer Kollegin, der dominante Chef oder die kontrollierende Nachbarin machen dir Angst. Wenn du ehrlich bist, fürchtest du dich grundsätzlich vor anderen Menschen. Deine Muskeln sind dauerverspannt, die Verdauung gestresst und dein Herz-Kreislauf-System neigt zu Überreaktionen. Möglicherweise schläfst du auch schlecht oder flüchtest dich geradezu in den Schlaf, denn dann musst du nicht fühlen.

Wenn du ständig Angst hast, nimmt dir das mit der Zeit jede Lebensfreude. Aber heute, morgen oder eines Tages wirst du erleben, wie die Angst weniger wird. Du erinnerst dich immer besser daran, dass du strahlendes Licht bist – ewig und unzerstörbar. Du bist auf einer Reise durch die Ewigkeit. Warum solltest du deine Zeit weiterhin mit Angst vergeuden?

Ich denke daran, mich umzubringen

Ich kann dich verstehen. Sehr gut sogar. Meine körperlichen und seelischen Schmerzen quälten mich schrecklich lange, es gab Zeiten, da hatte ich keine Hoffnung mehr, dass sie je aufhören würden. Das sogenannte Leben war ein Elend ohne Ende, nur unterbrochen von äußerst kurzen Momenten, in denen ich dachte, dass alles vielleicht doch noch gut werden würde. Aber bald begann es von vorne und ich war erneut in einem grausamen Gefängnis eingeschlossen. Ich nehme an, dass du ähnliche Erfahrungen gemacht hast. Es ist nur zu verständlich, dass der Gedanke „Schluss zu machen" unter solchen Umständen plötzlich wie eine Möglichkeit im Raum steht.

Gesteh dir zu, dass du nicht weiterweißt, dass du das Gefühl hast, das Leben nicht mehr ertragen zu können. Du kannst nicht mehr und du willst auch nicht mehr. Wer könnte das besser verstehen als ich? Aber ich bin hiergeblieben. Und ich möchte dir den Weg zeigen, den ich gefunden habe. Ich gehe ihn und viele andere in einer ähnlichen Lage tun das auch. Ich wünsche mir von Herzen, dass du mitkommst.

Ich ertrage das Leid auf der Welt nicht mehr

Es ist Realität: Menschen tun einander Schreckliches an, fügen Tieren unglaubliches Leid zu und zerstören die Umwelt. Selbst der ganz normale Alltag bietet viele Gelegenheiten, anderen unnötige Schmerzen zu bereiten. Ich war lange Jahre in Spitälern tätig und wurde dort immer wieder Zeugin von unglaublichen Fällen der Missachtung von Menschlichkeit. Unfreundlichkeit, unnötig lange Wartezeiten auf Schmerzmittel, grobes Anfassen, Beleidigungen, all das mussten Patienten aushalten, die sich ohnedies aufgrund einer Erkrankung in ihren schwächsten Stunden befanden. Ähnliches und noch Schlimmeres geschieht auch heute noch in Pflege- und Kinderheimen oder überall dort, wo Menschen sich nicht wehren können. Immer könnten sich die handelnden Personen auch anders entscheiden. Warum leben viele nicht nach dem Grundsatz „Was du nicht willst, dass dir man tu, das füg auch keinem andern zu?“

Was ist bloß los mit dieser Welt? Ich regte mich oft furchtbar auf, weinte stundenlang, war zutiefst geschockt und kraftlos. All das Elend beeinträchtigte mich so, dass es mir wirklichen Schaden zufügte. Bis jemand zu mir sagte: „Ja, manche zerbrechen daran. Sie halten es einfach nicht aus.“ In diesem Moment geschah etwas in mir und ich fühlte eine tiefe Gewissheit: Ich würde nicht daran zugrunde gehen. Was hätte das auch für einen Sinn? Nicht einem leidenden Menschen oder Tier wäre mit meinem Untergang geholfen. Seither überlege ich, was ich tun könnte, um Leid zu mildern. Und dann mache ich das, was mir möglich ist. Das ist ein winziger Tropfen, aber er macht dort, wo meine Hilfe ankommt, einen großen Unterschied.

Halte für möglich, dass trotz der furchtbaren Missstände hinter allem eine Ordnung steht, die unser Verstand nicht erfassen kann. Und dann überlege, wie du ein „Lichtbringer“ sein kannst.

Seit dem Tod eines bestimmten Menschen ist alles vorbei

Ein lieber Mensch ist gestorben. Vielleicht geschah das völlig überraschend, vielleicht war es bereits absehbar. Auf jeden Fall hat es dir den Boden unter den Füßen weggezogen. Dieser Mensch war da und nun ist er nicht mehr da. Wer kann das schon wirklich begreifen?

Die meisten Menschen trauern, sind verzweifelt und oft auch wütend. Auf Gott, auf das Schicksal oder auch auf den, der sie einfach im Stich gelassen hat, als er ging. Irgendwann – bei jedem zu „seiner“ Zeit – ebben diese Emotionen ab und die Betroffenen finden einen Weg, mit dem Verlust umzugehen. Bei dir ist das anders. Du kannst diesen Tod einfach nicht verkraften. Der Schock ist immer noch da, der Schmerz nach wie vor unermesslich. Du bist nicht in der Lage, dein Leben so zu führen, wie du es vorher getan hast. Du ziehst dich völlig zurück, kannst nicht arbeiten oder entwickelst verschiedene körperliche Symptome. Es kann auch sein, dass du nach außen „funktionierst“, innen aber alles tot ist. Vielleicht lässt dich dein Schmerz völlig zusammenbrechen und du hast das Gefühl, dass du nie wieder aufstehen wirst. Es scheint dir, als seist auch du gestorben. Was bedeutet dieses Leben, wenn er oder sie nicht mehr bei dir ist? Ohne diesen Menschen kannst du nicht mehr und willst du auch nicht mehr. Aber du bist noch da, und das hat seinen Sinn. Du wirst einen Weg finden, deinen Schmerz so zu verarbeiten, dass du weitergehen kannst. Freue dich doch einfach auf das Wiedersehen. Ich bin überzeugt davon, dass unsere Lieben uns empfangen, wenn wir drüben ankommen.

Mein Haustier ist gestorben – darüber komme ich nicht hinweg

Der Tod eines geliebten Tieres kann eine echte Krise auslösen. Bei den meisten Menschen ist der Schmerz zunächst unermesslich groß. Dann wird er sanfter und irgendwann sind die Menschen bereit, ein neues Tier in ihr Leben zu holen. Andere können das nicht. In ihrem Erleben hat sie das einzige Wesen verlassen, zu dem sie eine innige Beziehung aufbauen konnten. Sie können diesen Tod nicht verkraften und wollen ihr Tier auch nicht „ersetzen“. Als ich meine Hündin Nasti verlor, war ich so getroffen, dass ich in Ohnmacht fiel. Über ein Jahr kam ich nicht über ihren Tod hinweg. Erst nach dieser Zeit war ich für Bonni bereit, die dann viele Jahre mein Leben teilte. Ich kann also gut verstehen, wenn dir ohne dein Tier alles sinnlos erscheint. Aber denk daran: Seine Zeit war gekommen und bei dir ist ein guter Platz, der nun wieder besetzt werden möchte. Stell dir vor, dass sich alle darüber freuen – auch das geliebte Wesen, das über die Regenbogenbrücke vorausging.

Ich habe ständig Geldprobleme

Es ist einfach nur schlimm, wenn das Geld nicht reicht. Ich war ein paar Mal in meinem Leben in der Situation, dass ich nicht wusste, ob die Fixkosten für den nächsten Monat abgedeckt sein würden. Und das passierte mir, als ich längst den „jungen Jahren“ entwachsen war.

Oft stehen hinter Geldproblemen tiefe Überzeugungen, die die Scheine regelrecht von dir fernhalten. Wie soll sich Geld dir gegenüber zum Beispiel verhalten, wenn du meinst, dass es deinen Charakter verderbe, dass es etwas Schlechtes oder „nicht spirituell“ sei? Manche Menschen sind auch der Auffassung, dass es reicht, gerade eben so durchzukommen. Der Gedanke, dass sie so richtig viel Geld haben könnten, hat für sie fast etwas Unanständiges.

Wenn du also aus Mangel an Geld nicht mehr willst und kannst, lohnt es sich, einmal bei deinen Glaubenssätzen nachzusehen. Wenn du dann akzeptieren kannst, dass Geld etwas Gutes ist, wirst du plötzlich Wege sehen, auf denen die Scheinchen zu dir kommen können.

Ich habe nichts unter Kontrolle

Hast du das Gefühl, dass dir die Dinge einfach so „geschehen“? Du wirst verlassen, kannst dein Übergewicht nicht loswerden, erkrankst, hast Panikattacken, bekommst deine Finanzen nicht in den Griff, leidest extrem unter Einsamkeit, lebst in einer feuchten Wohnung, wirst von deinem Partner hintergangen oder in anderer Form lieblos behandelt. Ein wichtiger Mensch stirbt. Dein Körper kann sich nicht gegen Krebszellen wehren (diese Zellen entstehen in jeder Sekunde – oft zerstören sie sich selbst oder werden vom Immunsystem erfolgreich entsorgt, manchmal aber auch nicht). Terrorismus bedroht die Welt, du weißt nicht, ob du dein Essen noch bedenkenlos zu dir nehmen kannst, die Natur wehrt sich durch Katastrophen gegen die Ausbeutung. Tatsache ist: Es kann immer alles passieren.

Du fühlst dich völlig verzweifelt und allem hilflos ausgeliefert. Denn du kannst nichts kontrollieren. Also lautet die Frage: Wie kannst du innere Ruhe finden, wenn jeden Augenblick etwas geschehen kann, dass dir oder anderen Schmerz verursacht? Wie kannst du das Leben genießen, obwohl du nicht weißt, ob du in der nächsten Sekunde stirbst? Wenn du entdeckt hast, wie du diese Ruhe und Freude findest, ändert sich die Qualität deines Lebens.

Ich schäme mich so

Ich empfand Scham, weil ich nahezu immer Beschwerden hatte und deswegen allzu oft nicht „einsatzfähig" war. Ich schämte mich dafür, dass ich die Panikattacken und Depressionen nicht in den Griff bekam, obwohl ich doch nicht nur Betroffene, sondern auch Fachfrau war. Ich schämte mich dafür, dass es mir nicht gelang abzunehmen. Eine meiner Klientinnen hatte größte Probleme, einen Raum frühzeitig zu verlassen, in dem gerade eine Vorstellung, eine Sitzung oder Veranstaltung stattfand. Was würden die anderen denken, wenn sie einfach aufstand und hinausging? Meine Freundin schämte sich dafür, dass ihre Wohnung in einem desolaten Zustand war und sie kein Geld für die Renovierung hatte. Sie erfand viele Ausreden, um niemanden einladen zu müssen. Bernadette schämte sich für ihre Nase, Manfred dafür, dass er aus ärmlichen Verhältnissen kam. Nora verschwieg, dass sie arbeitslos war, Herbert erzählte keinem von seiner Homosexualität. Brigitte schämte sich dafür, dass sie im Alter von 41 Jahren noch nie Sex gehabt hatte. Bettina wollte nicht, dass jemand erfuhr, dass sie noch nie in einer längeren Beziehung war. Und Karin verging vor Scham, weil es ihr nicht gelungen war, eine Familie zu gründen.

Wofür schämst du dich? Gestehe es dir ein und dann hör auf damit, dich zu schämen. Die anderen kochen auch nur mit Wasser. Und du bist wie du bist. Das ist in Ordnung!

Ich bin chronisch krank

Ich weiß – das ist eine große Herausforderung. Wer an einer Erkrankung leidet, immer wieder Therapien über sich ergehen lassen muss, Schmerzen hat, gezwungen ist, Medikamente zu nehmen, oder in anderer Hinsicht beeinträchtigt ist, kann leicht mutlos werden. Das betrifft sowohl psychische als auch körperliche Krankheiten. Dazu kommen oft große Ängste, unter Umständen eine völlig veränderte Lebenssituation, der Verlust von Freunden oder einer Partnerschaft, die frühzeitige Pensionierung. Und die Frage „Was soll bloß aus mir werden?“ steht ständig im Raum. Kommen noch Einsamkeit oder finanzielle Probleme dazu, ist es möglicherweise zu einer schlimmen Verzweiflung nicht mehr weit.

Ich habe als Psychologin, aber auch privat, immer wieder Menschen kennen gelernt, die dennoch aus einer derartigen Krise Kraft geschöpft haben. Meine Freundin Claudia war ein leuchtendes Beispiel dafür. Sie trotzte ihrer Krebserkrankung jede nur mögliche Lebensqualität ab. Die Ärzte konnten nicht fassen, wie gut sie ihr Schicksal bewältigte. Natürlich wollte sie leben, aber wir sprachen auch über den Tod. Sie fürchtete sich nicht und machte mir sogar Mut. Sie lachte viel, weinte hie und da und gab den Jahren, die sie noch bei uns war, so viel freudvollen Inhalt wie möglich. Ihre Geschichte ist nur eine von vielen, die ich miterlebt habe.

Auch ich bin krank, habe zahlreiche Bandscheibenvorfälle, Arthrose und daraus resultierende Schmerzen. Aber ich habe einen Weg gefunden, trotzdem zu leben. Das kannst du auch.

Panikattacken zerstören mein Leben

Glaub mir – ich weiß, was du durchmachst. Dieses Leid kann nur jemand nachvollziehen, der es selbst erlebt hat, jemand, der das kennt: einen Körper, der dich mit schlimmen Symptomen völlig im Stich lässt, und einen Verstand, der Angst hat durchzudrehen. Das ergibt einen – unerträglichen – Cocktail, gewürzt mit Todesangst. Eine Attacke kann immer und überall auftreten und das führt zur berühmten Angst vor der Angst. Dein Aktionsradius wird immer enger und in vielen Fällen müssen Bezugspersonen ständig verfügbar sein. Konflikte in Partnerschaften und Freundschaften entstehen, weil sich andere durch die extreme Bedürftigkeit überfordert fühlen. Häufig ist auch eine regelmäßige Berufstätigkeit nicht mehr möglich: Immer wieder bist du im Krankenstand und schließlich erhältst du die Diagnose „Burn-out". Wenn schwere Panikattacken die Ursache dafür sind, mündet das Ganze oft gar in einer Berufsunfähigkeit.

Manchmal kann es auch sein, dass eine Betreuungsperson die Abhängigkeit des Betroffenen „braucht". Dann wird das Gesundwerden zum Problem, weil es ja unbewusst gar nicht im Sinne des Betreuers ist. Der Angstgeplagte soll abhängig bleiben, nur dann droht dem Betreuer kein Verlust. Der Betroffene wiederum fürchtet sich davor, seine „Stütze" zu verärgern, weil er glaubt, ohne diese nicht lebensfähig zu sein. So verfangen sich beide in der Falle einer höchst ungesunden Beziehung.

Dazu kommt, dass auch heute noch viele Menschen nicht verstehen, was eine Panikattacke eigentlich ist. Es kommen Aussagen wie „Was heißt, du kannst dort nicht hingehen? Du bist doch nicht gelähmt", „Du bist einfach nur hysterisch", „Ich glaube, du hast einfach zu viel Zeit". Worte wie diese verstärken aber deinen Zustand. Ein gebrochenes Bein kann jeder nachvollziehen. Schwerkranke erhalten Mitgefühl. Aber Menschen mit Ängsten tragen ein Schild, auf dem steht: „Schwächling, kann sich nicht beherrschen, lässt sich gehen, ist gestört." Das wissen wir als Betroffene natürlich und zu all dem Schmerz kommen noch Scham, Schuld und Wut. Wir schämen uns, weil wir das nicht hinbekommen und wir fühlen uns schuldig, weil wir eine große Belastung sind. Auf der anderen Seite erwarten wir ständig Hilfe und sind wütend, wenn wir sie nicht bekommen. Daraus entsteht ein Chaos der Gefühle, das für alle Beteiligten belastend ist.

Der Verlauf von Panikzuständen weist meist keine logische Kontinuität auf. Einmal konnte ich in den Supermarkt gehen, ein anderes Mal nicht. Ein Tag begann gut, und ich schöpfte Hoffnung, der nächste war – aus keinem offensichtlichen Grund – wieder entsetzlich. Ich höre von vielen „Schwestern und Brüdern", dass auch sie einem Fortschritt nicht trauen können. Häufig gibt es kein Aufbauen auf bereits Bewältigtem. Denn ein Kinobesuch, der heute super gelingt, ist zu einem anderen Zeitpunkt unmöglich. Die Panik kommt in bestimmten Situationen, aber auch wann und wo sie will. Das einzig Verlässliche ist, dass sie kommt. All diese Umstände können nur zu leicht dazu führen, dass du denkst: „Ich kann nicht mehr."

Wenn dich dieses Thema betrifft, lies bitte besonders aufmerksam das Kapitel „Angst und Panik – nein danke!"

Ich hasse alle, denen es besser geht als mir

Hast du schon einmal so gefühlt? Jeder, der unendlich leidet, sieht rund um sich Menschen, denen es gut zu gehen scheint. Sie lachen, haben Spaß, sind offenbar gesund und freuen sich ihres Lebens. Das kann hart sein, wenn dir selbst der Eintritt in diese Welt verwehrt ist.

Ich dachte lange Zeit, dass alle, die keine Panikattacken oder Schmerzen, keine Krankheit oder kein Übergewicht haben, doch einfach glücklich sein müssten. Wir alle wissen, dass es viele Menschen gibt, auf die all das und noch mehr zutrifft und die trotzdem unglücklich sind. Und ich bin anderen begegnet, die krank waren, ein in jeder Hinsicht beschwerliches Leben hatten und dennoch voller Lebensfreude ihren Weg gingen. Es kommt also offenbar nicht auf „objektive" Kriterien wie gesund, schlank, reich und schön an. Der entscheidende Punkt ist die Einstellung, die du zu den Gegebenheiten des Lebens hast. Und die gute Nachricht lautet: Überzeugungen kannst du ändern!

Ich verstehe deinen Hass, weil ich ihn auch selbst schon empfunden habe. Nimm das Gefühl zur Kenntnis, aber mach dir klar, dass es dich nicht einen Schritt weiterbringt. Die Leute um dich herum werden weiterhin lachen und Spaß haben. Sie werden erfolgreich sein, Partner finden, Geld ausgeben, auf Urlaub fahren, frei von psychischen Problemen oder völlig gesund sein. Viele von ihnen werden nie Schulden haben, wurden nicht in dem Ausmaß verletzt wie du oder haben einen Weg gefunden, mit ihren Verletzungen umzugehen.

Es kann aber auch sein, dass hinter den Kulissen keineswegs alles so glatt läuft, wie du denkst. Das kannst du nicht erkennen und deswegen bist du neidisch. Aber so oder so, an deinem Schicksal ändert all das gar nichts. Mach dir klar, dass jede Seele ihren eigenen Weg geht und finde heraus, was deine für dich vorgesehen hat. Ich bin ganz sicher: Irgendwo findet sich da auch Freude. Schau genau hin.

Ich werde gemobbt

Wirst du an deiner Arbeitsstelle so gequält, dass du bereits am Morgen mit einem flauen Gefühl dorthin gehst? Hast du mittlerweile regelrecht Angst davor, deinen Job auszuüben? Mobbing ist seelisches Verbrechen auf Raten. Dieser Ausdruck ist absolut angemessen. Lass dir also nicht sagen, du sollst „gewisse Dinge eben einfach überhören“ oder du sollst „so tun, als sei nichts geschehen“.

Mobbing hat viele Gesichter: Du wirst ignoriert, wichtige Informationen werden dir vorenthalten, die Unterhaltung reißt ab, sobald du in Sichtweite bist, dein Äußeres oder deine Persönlichkeitsmerkmale verursachen verächtliche Kommentare, abwertende Bemerkungen stehen an der Tagesordnung, zu einer gesellschaftlichen Aktivität unter Kollegen wirst du nie eingeladen, jemand verdreht bei deinem Anblick die Augen oder macht verächtliche Gesten, du wirst lächerlich gemacht, Unterlagen „verschwinden“ von deinem Schreibtisch.

Wenn du Mobbingopfer bist, dann stehst du unter einem großen Leidensdruck. Ein gewisser Robert Keller hat den viel zitierten Satz geprägt (und damit wohl wirklich „ein wahres Wort“ ausgesprochen): „Der Mörder sticht dem Opfer in die Kehle. Der Mobber sticht dem

Opfer in die Seele." Die Folgen von Mobbing können genauso dramatisch sein wie ein Trauma aus der Kindheit: Depressionen, Angstzustände, Schlaflosigkeit, Essstörungen, Migräne, nervöse Herzprobleme und jede andere Erkrankung. Mobbing kann dir nicht nur im Job begegnen, sondern auch im Freundeskreis oder in der Nachbarschaft. Wenn du immer wieder gemobbt wirst, ziehen sich wahrscheinlich „Ablehnung" und „Grenzen ziehen" wie ein roter Faden durch dein Leben. Dann ist es sehr sinnvoll, dass du dir diese alten Wunden näher ansiehst, damit sie heilen können. Und das werden sie, wenn du deine Selbstliebe vertiefst. Dann wirst du es nämlich völlig in Ordnung finden, dir deinen Platz zu nehmen und ihn zu verteidigen.

Ich will mich trennen, aber ich traue mich nicht

Du bist in einer Beziehung, die du eigentlich nur noch beenden willst. Du möchtest weg, aber deine großen Ängste verhindern das.

- Dein Partner hat gesagt, bevor er dich gehen lasse, würde er dich oder sich umbringen oder den Kindern etwas antun.
- Du hast Angst, es alleine finanziell nicht zu schaffen.
- Trotz des Trennungswillens fürchtest du dich vor dem Alleinsein.
- Dein Partner droht dir mit dem Entzug der Kinder oder du befürchtest, dass er sie gegen dich aufhetzen könnte.
- Dein Partner weiß von „geschäftlichen Unregelmäßigkeiten" und droht, diese bekannt zu machen.
- Du befürchtest, dass deine Kinder dich nicht mehr lieben, wenn du gehst.
- Du hast Angst, dass dich dein Partner nicht in Ruhe lassen wird.

Der Konflikt zwischen dem „Wegwollen" aus einer Partnerschaft und der Angst vor diesem Schritt ist eine große psychische Belastung. Aber auch hier gibt es Hilfe. Lies im Kapitel „Menschen, die helfen" über Barbara Stekl (siehe Seite 137).

Ich rette immer die anderen – aber nie mich selbst

Es gibt kaum etwas, das so große Anziehungskraft auf dich ausübt, wie der Geruch eines Menschen, der Hilfe braucht. Du hilfst, weil du felsenfest davon überzeugt bist, dass nur du diese Person retten kannst. Außerdem hoffst du, dass du für „den Geretteten“ dann unentbehrlich wirst. Das geht eine Zeit lang gut. Dann fällt dir auf, dass du alleine bleibst, wenn du einmal Hilfe brauchst, dass sich die einst hilfsbedürftige Person von dir abwendet, wenn es ihr besser geht, oder dass sie eine regelgerechte Abwehrhaltung gegen dich entwickelt. Dann bist du tief verletzt und verstehst die Welt nicht mehr. So lange, bis ein neuer Hilfsbedürftiger deine Aufmerksamkeit wieder völlig in Anspruch nimmt. Aber selten bekommst du das zurück, was du dir so ersehnst – Anerkennung, Dankbarkeit, Liebe. Und so gibt dir das, was du machst, keine Kraft, sondern lässt dich ausgelaugt und unzufrieden zurück.

Durch dein ständiges Dasein für andere lenkst du dich von eigenen Problemen ab und die „Retterin“, der „Retter“ wird zu deiner Identität. Wer bist du, wenn du niemandem mehr hilfst? Deine Aufgabe lautet: Rette dich selbst! Da hast du genug zu tun. Und wenn du eines Tages erkennst, dass Helfen deine Berufung ist, wirst du das aus innerer Kraft tun und nicht, um Liebe zu „erkaufen“.

Ich bin hässlich

Du glaubst, dass du hässlich bist, unabhängig davon, ob es wahr ist oder nicht (vielleicht gehörst du ja zu den Menschen, die, den Maßstäben unserer Zeit und unserer Gesellschaft entsprechend, tatsächlich „nicht schön“ genannt werden). Manches an deinem Aussehen, kannst du nicht ändern, bei manchem ist eine Änderung zumindest theoretisch möglich. Körpergröße und Knochenbau sind vorgegeben, fast alles andere lässt sich heute korrigieren: Gewicht, Muskelmasse,

Zähne, Nase, Ohren, Busen, Doppelkinn, Penis, Vagina, Glatze, Falten, Pigmentflecken, der Fettanteil in den unterschiedlichsten Körperteilen. Aber nicht jeder hat die finanziellen Möglichkeiten oder die gesundheitlichen Voraussetzungen für etwaige Korrekturen. Viele müssen mit dem Gefühl leben, „hässlich" zu sein. Oft können zwar ein gutes Styling, das richtige Make-up und die passende Brille oder eine tolle Frisur „ausgleichend" wirken, aber manchmal ist auch das nicht möglich und du empfindest das Ergebnis als nicht zufriedenstellend. Das kann sehr belastend sein – speziell für Frauen.

Schön sein zu müssen ist eine Art unausgesprochene Forderung, die eine an Äußerlichkeiten orientierte Welt an uns stellt. Wenn du also keine Möglichkeit siehst, zu den Hübschen zu gehören, kann das Verbitterung und Verzweiflung auslösen. Vor allem dann, wenn du auch überzeugt davon bist, dass nur gut aussehende Menschen Erfolg haben, was natürlich keinesfalls der Wahrheit entspricht.

Wenn du dich hässlich findest, liegen ganz besondere Aufgaben vor dir: dich selbst auf jeden Fall zu lieben, deine Herzensqualitäten zu entwickeln und dein inneres Licht ganz stark leuchten zu lassen. Und dann wirst du dich wundern, was geschieht. Denn du wirst ein magischer Anziehungspunkt für andere.

Vielleicht sieht dein Leid auch ganz anders aus. Aber wie auch immer sich der Schmerz zeigt – du kannst und willst nicht mehr. Oft weißt du genau, warum es dir schlecht geht, manchmal nicht. Es ist auch nicht wirklich wichtig, denn der Weg zu einem besseren Leben führt immer über ähnliche Pfade. Und die möchte ich dir jetzt zeigen.

Wie deine besondere Herausforderung auch aussehen mag: Es geht immer darum, dass du dich an die Liebe erinnerst. Du bist Liebe, also ist es unmöglich, dass du dich selbst nicht liebst. Aber es ist sehr wahrscheinlich, dass du das vergessen hast. Der erste Schritt auf der praktischen Ebene, im Hier und Jetzt, heißt: „Finde heraus, wie du dir selbst in jeder Hinsicht wohltun kannst." Denn es geht dir so gut, wie du gelernt hast, für dich zu sorgen. Wenn du gut auf dich achten kannst, wirst du auch wissen, was du in einer bestimmten Angelegenheit zu deinem Besten tun sollst.

Und wenn du es nicht sofort weißt, dann kannst du darauf vertrauen, dass der Impuls dafür zum richtigen Zeitpunkt kommen wird.

DEIN WEG IN EIN NEUES LEBEN

Dein Wille geschehe?

Ich weiß nicht, wie es dir geht, aber bei mir hat dieser Satz (aus dem Vaterunser) immer großen Widerstand ausgelöst. Ich fühlte mich oft ohnedies wie ein wehrloses Leder, mit dem das Leben Fußball spielt. Und was war mit meinem Willen? Der zählte nicht und war offenbar sowohl Gott, als auch den Engelscharen herzlich egal. Es interessierte niemanden, dass ich an den Befindlichkeiten von Psyche und Körper fast zugrunde ging. Wenn mein unerschütterlicher Humor nicht gewesen wäre, hätte ich auch die Grundbegriffe des Lachens verlernt. Erfüllende Beziehungen waren zwar Gegenstand meiner Sehnsucht, traten aber nur äußerst selten in Erscheinung. Nachdem die meisten Situationen definitiv nicht dem entsprachen, was ich wollte, nahm ich an, dass offenbar der Wille eines anderen wirkte. Der Verdacht lag nahe, dass es sich bei diesem „Jemand" wohl nur um Gott handeln könne. Das warf einige interessante Fragen auf: Angeblich hat Gott uns ja mit einem freien Willen ausgestattet. Und dann sollen wir schön brav akzeptieren, was er sich ausgedacht hat? Wenn man die Schicksale von Menschen und den Zustand der Welt im Allgemeinen betrachtet, könnte man auf die Idee kommen, dass er trotz aller Cleverness offenbar nicht so genau weiß, was er tut. Vielleicht ist ihm auch langweilig und deshalb verbringt er seine Zeit damit, sich herausfordernde Szenarien für uns auszudenken. Findet er es etwa amüsant, dass wir uns so plagen? Ich komme nicht umhin, mich zu fragen: „Hat Gott etwa eine sadistische Ader? Oder was ist sonst los mit diesem Mann?“

„Dein Wille geschehe“ – angesichts der allgemeinen und auch meiner persönlichen Lage fand ich diese Worte immer sehr demütigend. So, als ob ich nicht in der Lage wäre, selbst etwas zu wollen. Und damit nicht genug, ich sollte es auch noch gut finden, dass Big Daddy mir zuteilt, was er will. Außerdem: Es war glasklar, dass sein Wille für mich und mein Wille für mich einfach nicht kompatibel waren. Was hatte Gott bloß gegen mich? Was hatte ich ihm getan? So sehr ich mein Gedächtnis auch durchforstete, einen Grund, der gerechtfertigt hätte, dass Gottes Wille dermaßen im Widerspruch zu meinen Wünschen stand, fand ich nicht. Ich beschäftigte mich auch mit den Erkenntnissen der Wissenschaft und der Tatsache, dass jeder von uns mächtig ist – kraft seiner Gedanken und Gefühle. Sogar die Zellen bekommen mit, was in meinem Gemüt so vorgeht. Und trotzdem soll ich Gott versichern: „Ja, ja, dein Wille geschehe“. Das hat mir nie gepasst und so wurden dieser Satz und ich keine Freunde.

Aber dann begann ich zu verstehen. Ich konnte immer akzeptieren, dass unser wahres Wesen Seele ist. Auch wenn sich keiner etwas darunter vorstellen kann: Das ist der Teil von uns, der ewig ist, den es schon vor unserer Geburt gegeben hat und der weiter existieren wird – über unseren Tod hinaus. Die Seele, also das, was wir wirklich sind, ist Teil von Gott. Deshalb heißt es, dass wir in Wahrheit alle eins sind, dass es in der letzten Wirklichkeit keine Trennung gibt.

Aber was ist Gott? Ich stelle mir Gott sehr gerne als Person vor, weil ich als Sabine einfach leichter mit jemand Konkretem zu tun habe, als mit der göttlichen Kraft, dem Universum, dem ewigen Geist, diesem „Alles, was ist“ oder welche Ausdrücke es noch für das Unaussprechliche gibt. Ich bin auch überzeugt davon, dass Gott jede Form annehmen kann, wenn er will. Und ich denke, das tut er auch!

Ganz ehrlich: Ist es wirklich so wichtig, genau zu verstehen, wer oder was Gott nun ist? Mit unserem menschlichen Verstand werden wir nie erfassen, welche Kräfte hier auf welche Weise wirken. Wir sehen die

Auswirkungen einer Schöpferkraft, also existiert sie. Und das Wichtigste ist, dass jeder von uns Teil davon ist. Jede Seele verfügt also auch über die Macht, zu gestalten. Ich stelle mir das Ganze so vor: Wir Seelen trafen uns mit Gott bei einem Kaffee, Bier, Prosecco oder Apfelsaft. Und als wir so gemütlich beisammensaßen, kamen wir auf das Thema „Erdenleben“ zu sprechen. Einige gähnten nur und wollten ihre Ruhe, andere zogen es durchaus in Erwägung, wieder einmal mitzuspielen. Also fingen wir an, Details zu besprechen. Das war vielleicht ein Geschnatter! Es gab ja eine große Auswahl: Ein Leben als Frau oder Mann? Welches Land, welche ethnische Zugehörigkeit? Arm oder reich? Ein liebevolles Elternhaus oder besser eines mit Herausforderungen? Welche Seele sollte man als Vater, Bruder, Ehefrau, Nachbarin, Chef oder Freund treffen? Zu welchem Zeitpunkt? Sollte es um ein bestimmtes Thema gehen oder wäre auch ein „Ausrastleben“ einmal ganz nett? „Arbeitsleben“ sind vielfältiger, aber natürlich auch mühsamer. Und so wurde eine Reihe von Entscheidungen getroffen. Jede Seele plante das Leben auf der Erde, sprach sich mit anderen ab und traf mit ihnen Vereinbarungen. Gott saß daneben und hörte seinen Seelenkindern zu. Hie und da nickte er wohlwollend, wiegte sein Haupt oder lächelte. Einigen gratulierte er auch zu ihrem Mut und ihrer Experimentierfreude. Natürlich wussten alle Beteiligten, dass das Ganze ein Spiel war. Egal, was sie auf der Erde erlebten – nie waren sie wirklich in Gefahr. Jeder würde hierher zurückkommen und dann über das Erlebte diskutieren. „Wie hättest du das in dieser Situation gemacht?“, „Ja, so wäre es auch gegangen“, „ Schon wieder obergescheit? Du weißt ja immer alles besser!“, „Also, da hatte ich echt Angst – Wahnsinn“, „Stell dir vor, ich wollte mich sogar umbringen!“ Das alles kann passieren, weil eine der Spielregeln lautet: Du wirst vergessen, dass du mit den anderen bei einem Umtrunk zusammengesessen bist. Du weißt nichts mehr davon, dass der böse Vermieter und der lieblose Partner in jenem Kreis alles mit dir besprochen haben. Deine Mutter, die dich auf der Erde „krank“ macht, spielt ihre Rolle genauso wie du.

Also: Du hast als Seele, als Teil von Gott, die grundsätzlichen Eckdaten deines Erdenlebens einmal „festgelegt“. Als Seele weißt du also ganz genau, was du hier erleben und erfahren möchtest. Als Mensch hast du es aber komplett vergessen. Und nun siehst du dich Situationen gegenüber, die so überhaupt nicht deinem Willen entsprechen. Aber sie sind in vollkommener Übereinstimmung mit dem ursprünglichen Plan deiner Seele! Ich habe „damals" in trauter Umgebung und offenbar in geistiger Umnachtung das Angst-Thema gewählt. Natürlich weiß ich es nicht mehr, aber ich bin sicher, dass Gott mir seine tiefe Bewunderung für diese Entscheidung ausgesprochen hat. Ich finde das nur gerecht, denn schließlich ist dieses Thema wirklich heftig.

Wie ist das aber nun mit dem freien Willen? Wenn ohnedies alles vorbestimmt ist – wozu ist er dann überhaupt nötig? Hier kommt die Schöpferkraft der Seele ein zweites Mal ins Spiel. Du siehst dich einer Situation gegenüber und kannst entscheiden, wie du dich dazu stellst. Nutzt du die Werkzeuge „Gedanken" und „Gefühle" für dein Wohlbefinden oder dagegen? Stimmst du dich sanft darauf ein, dich eines Tages doch zu erinnern, wie die Dinge tatsächlich liegen? Übst du dich immer wieder im Vertrauen und Loslassen oder bestehst du darauf, von deiner menschlichen Warte aus Kontrolle auszuüben?

Das ist mit den Worten „Dein Wille geschehe" wirklich gemeint: Du hast als Seele die Umstände deines Lebens gewählt, wie unsinnig dir das jetzt auch vorkommen mag, wie verzweifelt du auch manche Dinge zu ändern versuchst. Ich weiß, wie zynisch das im Falle von „Ich kann nicht mehr, ich will nicht mehr" klingen kann und habe mich selbst immer wieder darüber aufgeregt. Aber eines Tages habe ich damit Frieden geschlossen. Ich habe in der Seelengemeinschaft zusammen mit Gott meine Lebensumstände bestimmt. Das bedeutet, dass mich jeder Widerstand nur erschöpft. Der Plan meines wahren Wesens wird sich mir präsentieren, aber ich kann wählen, wie ich mich dazu stelle. So habe ich mit der Zeit gelernt, Unabänderliches zu akzeptieren, aber sehr wohl, das mir Mögliche zu tun, um etwas zu verbessern. Ich bin oft total zusammengebrochen, aber immer wieder aufgestanden. Meine Zusammenbrüche dauerten Monate, einmal ein ganzes Jahr. Aber ich wollte – abgesehen von den Stunden allergrößter Verzweiflung – weitermachen. So, als ob ich genau wüsste, dass all das einem Plan folgt. Heute höre ich mehr auf meine innere Stimme, die mir rät, wie ich mich verhalten, welche Überzeugungen ich entsorgen soll. Die mir aber auch sagt, was mir guttut und was nicht. Das kann ich entscheiden!

„Dein Wille geschehe" heißt übersetzt: „Liebe Seele, du Teil von Gott und das, was ich wirklich bin – ich kann mich leider an gar nichts erinnern, aber ich weiß, dass ihr, du und die anderen Seelen, etwas ausgemacht habt. Also werde ich als Mensch so oft es geht in der Haltung ‚Es ist okay, dass dein Wille geschieht' leben. Das entlastet mich sehr und ich kann durchatmen. Ich weiß ja, dass alles, effektiv alles, einer Ordnung folgt, die ich von meiner jetzigen Warte aus nicht nachvollziehen kann. Aber ich vertraue darauf, dass sie da ist und zu ihrer Zeit sichtbar wird. Trotzdem nutze ich meinen freien Willen, den ich ja in weiser Voraussicht mitbekommen habe, um meine Lebensumstände zu verbessern – so gut ich eben kann."

„Dein Wille geschehe" heißt also nicht, dass ich mich dem Willen des „Herrn" beuge, sondern dem Willen meiner Seele. Das ist zwar dasselbe, hat aber eine andere Energie. Dennoch ist es Hingabe und Aufgabe des ewigen Kampfes. Ich gebe nicht auf, weil ich resigniere, sondern gebe mich dem hin, was ich einst für mich vorgesehen habe. Wenn dir das ein Zuviel an Verantwortung ist, dann gib dich Gott hin. Er war bei allen Absprachen dabei und deine Seele agiert mit seinem Segen. Viele von uns brauchen die Vorstellung, dass der übermächtige Vater im Himmel schon weiß, was gut für uns ist. Du hast auch hier den freien Willen, dich für den passenden Gedanken zu entscheiden. Wähle jenen, der Kraft, Mut und Trost gibt. Dann wirst du eines Tages wieder können und auch wieder wollen.

Du bist Seele, aber für einige Zeit auch dein Körper

Zeit meines Lebens habe ich gegen meinen Körper Krieg geführt. Das heißt: Ich habe ihn abgewertet, abgelehnt und auch regelrecht gehasst: Weil er mich mit seinen zahlreichen Beschwerden immer wieder im Stich gelassen hat und ich mich daher nie auf ihn verlassen konnte. Er war einfach gemein, hinterfotzig und mein Feind. Wieso tat er mir das an? Warum war er, wie er war? Ehrlich, wenn mir andere Worte als „mein Körper“ eingefallen wären, dann hätte ich sie benutzt. Oft sagte ich auch nur „er“, um meine Distanz auszudrücken. Er gehörte nicht zu mir, war fremd und in dieser Form schrecklich unerwünscht. Notgedrungen musste ich ihn aber ertragen. Was sollte ich schließlich tun? Er war immer da – jeden Tag, jede Nacht. Ich konnte ihm einfach nicht entkommen. Er war in der Umkleidekabine dabei, lag mit mir in der Badewanne und ärgerte mich, wenn ich mich beim Anziehen meiner Schuhe kaum bücken konnte. Er war dafür verantwortlich, dass ich viele Kleider nicht mehr tragen konnte, dass ich findig sein musste, um Schwachstellen ansatzweise zu verbergen (was ohnedies nicht gelang!) und dass man mich als „stattlich“ bezeichnete. Kurz: Ich lehnte ihn vollkommen ab, ich wollte ihn nicht, „er“ sollte sich irgendwie in Luft auflösen.

So Ihr Lieben, jetzt kommt die Preisfrage: Wird eine derartige Einstellung die Verhältnisse verbessern? Hat Ablehnung in solch einem Ausmaß eine positive Wirkung? Um ein für alle Mal Klarheit zu schaffen – nein! Ich wusste das natürlich schon lange. Aber es gelang mir einfach nicht, etwas Frieden in „unsere Beziehung“ zu bringen. Obwohl ich mich schon länger mit dem Thema Selbstliebe beschäftigte, stellte das, was aus meinem Körper geworden war, eine der größten Herausforderung dar. Doch dann hatte ich eines Nachts einen Impuls, der alles für immer veränderte. Es ist so einfach, dass es mich extrem wundert, dass ich die Wahrheit erst zu diesem Zeitpunkt so richtig empfinden konnte. „Er“, das war auch „ich“. Es gibt hier – auf dieser Welt – keine Trennung. Ich bin Seele und habe in diesem Leben einen Körper! Wenn auch mein wahres „Ich" seine Heimat im Seele-Land hat, so bin ich jetzt als Mensch unterwegs. Es gibt mich als Seele und es gibt ein Gefährt, in dem ich mich auf der Erde bewege, Sinneseindrücke aufnehme, fühle und auch leide. Plötzlich kam mir die Einstellung zu meinem Körper völlig absurd vor. Was hatte ich ihm all die Zeit angetan? Und dann begriff ich, dass es gar kein „er" und „ihm" gab! Er war ich. Oder, genauer formuliert: auch ich. Dauernd hatte ich mich über die „heiligen" Leute aufgeregt, die den Körper gegenüber der Seele als minderwertig, sündhaft und befleckt ansahen. Ich bezeichnete das – aus tiefster Überzeugung – als Unsinn von selbst ernannten Berufenen, die die Freuden des Menschseins verteufeln: Nur die Seele sei wichtig, die Bedürfnisse des Körpers galt es zu „überwinden". Obwohl ich diese Einstellung nicht teilte, hatte ich viel zu lange genau das getan! „Er" war kein wirklicher Teil von mir, sondern das lästige Übel, dem ich nicht entkommen konnte. So lehnte ich all die Jahre einen wichtigen Teil meiner selbst nicht nur vehement ab, sondern misshandelte ihn regelrecht. Ich war so darauf konzentriert, seelische Misshandlungen beenden zu wollen (sowohl die, die ich mir selbst antat, als auch die, die andere mir antaten), dass ich nicht bemerkte, wie mir der Hass auf meinen Körper schadete.

Ich kenne viele Menschen, die ihren Körper – also sich selbst – ebenfalls schlecht behandeln, und bin fast sicher, dass du zu ihnen gehörst. Vielleicht isst du zu viele schädliche Dinge und zu wenig von dem, was wirklich nährt. Oder du quälst dich durch extreme Diäten, Magersucht, Ess-Brech-Sucht, extreme Sportausübung, gar keine Bewegung, zu wenig Schlaf, Drogen, Alkohol, Nikotin, Medikamentenmissbrauch, Sex, der nicht guttut, und nicht zuletzt durch Hass auf das Gefährt, mit dem du nun mal durch dieses Leben reist. Wenn du spüren könntest, wie jede Zelle sich darüber aufregt, würdest du damit aufhören. Wahrscheinlich hörst du auch nicht auf die Signale, die deine Seele dir schickt. Die Gute tut das meist über den Körper, weil es einfach praktisch ist. Sie rechnet damit, dass „ihr" Mensch zumindest so zuhört. Jede Erkrankung, jede Befindlichkeitsstörung, jede Missempfindung zeigt an, dass etwas passiert, das auf irgendeiner Ebene nicht gut für dich ist. Du zeigst dir selbst, dass etwas nicht passt. Seele und Körper arbeiten als Einheit zusammen. Also hör zu und zieh die richtigen Schlüsse aus deiner Verfassung, deinem Gewicht oder deiner Erkrankung.

Du hast dich aus irgendeinem Grund dafür entschieden, dass dein Körper dick oder krank ist. Das ist dir natürlich nicht bewusst. Aber ist es auch unbewusst, wenn du immer wieder Dinge tust, die dir schaden? Ganz ehrlich, jeder von uns weiß, was förderlich ist und was nicht. Und bitte denk daran: Es gibt kein „ihn“, keinen (Fremd-)Körper, den du schlecht behandelst. Es gibt da nur dich – in der Art, wie du im Moment nun mal unterwegs bist. Nach dem „Tod“ lässt du „ihn“ zurück, aber dann ist er auch kein Teil mehr von dir. Du reist weiter – in anderer Form, vielleicht in einer anderen Art von Körper.

Sei also gut zu dir und liebe dich in deiner Gesamtheit. Iss gesund, bewege, entspanne, umarme dich und lass dich umarmen, berühre und lass dich berühren, genieße Sexualität, wenn dir das möglich ist. Und streichle dich ohne schlechtes Gewissen selbst, wenn sonst keiner da ist. Kümmere dich auch, so gut es eben geht, um jedes Problem, das dich stresst. Wenn du krank bist, achte auf die Verknüpfung von Seele und Körper. Vielleicht entdeckst du dann plötzlich, womit du dir bisher geschadet hast. Du erkennst die Zusammenhänge und bist der Heilung einen riesigen Schritt nähergekommen. Such dir dafür ruhig Unterstützung. Dann wirst du eine Perspektive sehen, die du zuvor nicht erkennen konntest.

Ich (also meine Seele und mein Körper) bin ganz gut unterwegs. Ich achte auf die Bedürfnisse von beiden – sanft, gütig und ohne Druck. Das kann auch dein Weg sein.

Weg mit heiligen Kühen – du darfst auch deine Eltern kritisieren

Gibt es Menschen in deinem Leben, die „alles" richtig gemacht haben und immer nur „dein Bestes" wollen? Kommst du aus diesem Grund nicht einmal auf die Idee, auch nur die leiseste Kritik an ihnen zu üben? Denn das wäre, als ob du ein Denkmal schänden oder eine Kirche entweihen würdest. Diese unantastbaren Menschen nenne ich „heilige Kühe". In den meisten Fällen sind es Mutter, Vater, Partner oder irgendeine andere Person, der du viel verdankst. Sie haben sich entweder für dich aufgeopfert, waren immer besorgt um dich oder stehen dir auch heute zur Seite. In deinen Augen lieben sie dich unendlich. Und so bist du nur dankbar, dass sie in deinem Leben sind. Damit verbietet es sich von selbst, auch vielleicht problematische Persönlichkeitsmerkmale an ihnen zu sehen.

Gerda kam zu mir, weil sie an rätselhaften Weinattacken litt, viele Ängste hatte und sich nicht lieben konnte. Immer wieder gab es berufliche und private Schwierigkeiten. Als wir auf ihre Kindheit zu sprechen kamen, lobte sie ihre Mutter in höchsten Tönen: Auch heute hätten sie noch eine großartige Beziehung. Gerdas Mutter war immer für ihr Kind da. Zu jeder Tages- und Nachtzeit hatte sie ein offenes Ohr, bei finanziellen Problemen half sie sofort und erwartete auch keine Rückzahlung. Es ist mehr als verständlich, dass Gerda ihre Mutter in den Himmel hob. Allerdings gab es da eine zweite Seite. Gerda hörte immer wieder von ihrer Mutter, dass sie nicht hübsch sei und sich mit dieser Tatsache abfinden müsse. Schon als Kind hätte sie eine zu große Nase gehabt und sei pummelig gewesen. Und Frauen, die nicht dem Schönheitsideal entsprechen, wären im Leben eben benachteiligt. Der Glaubenssatz „Ich habe eigentlich keine Chance, ein erfülltes Leben zu leben" hatte sich tief in Gerdas Herz gegraben. Und so zog sie unbewusst immer wieder Menschen und Situationen in ihr Leben, die dieser Überzeugung Nahrung gaben. Hat Gerdas Mutter ihrer Tochter wirklich einen Liebesdienst erwiesen, als sie ihr immer wieder sagte, dass sie nicht hübsch sei? Nein, das hat sie nicht. Warum hat sie es dann getan? Vielleicht hatte sie Angst, ihre Tochter zu verlieren, und wollte sie „klein" halten. Möglicherweise hatte sie diesbezüglich ihre eigenen Erfahrungen gemacht. Oder sie brauchte einfach ein Ventil für ihren inneren Schmerz. Auf jeden Fall ist es schlimm, wenn ein Kind hört, dass es wegen seines Aussehens immer benachteiligt sein wird. Das richtet nur Schaden an und bringt keinerlei Nutzen. Außerdem ist es einfach nicht wahr. Es wäre also nur natürlich gewesen, wenn Gerda ihre Mutter eines Tages mit diesem Thema konfrontiert hätte. Aber sie dachte nicht einmal im Traum daran. In ihren Augen liebte die Mutter sie bedingungslos und verdiente dafür auch nur Liebe. Dennoch fühlte Gerda, dass ihr diese Aussagen nicht gutgetan hatten. Nachdem sie sich aber nicht erlaubte zu grollen, suchte der Groll sich seinen Weg in ihr Unterbewusstsein, blockierte berufliche Erfolge, zog instinktiv Männer an, mit denen es nicht „klappte", und sorgte dafür, dass Gerda an einer depressiven Verstimmung litt. Ihr altes Muster lautete: „Ich bin nicht hübsch und daher habe ich keine Chance." Für Gerda ging es nun darum, zu erkennen, dass ihre Mutter sie zwar in vielen Bereichen unterstützte, aber ihre Worte keinen guten Einfluss auf ihre kleine Tochter gehabt hatten. Gerda konnte sich das lange nicht eingestehen: Die Tatsache, dass ihre Mutter, der einzige Mensch, der sie über alles liebte, etwas getan haben könnte, dass ihr geschadet hatte, war einfach undenkbar.

Es geht nicht darum, Eltern oder andere Bezugspersonen schlechtzumachen. Aber es geht sehr wohl darum, zu erkennen, dass sie Dinge gesagt oder getan haben, die nicht „der Liebe entsprachen". Und das tun die meisten Eltern, weil sie Menschen mit ihrem eigenen Rucksack voller Probleme, Menschen, mit sogenannten negativen Seiten, voller Gedankenlosigkeit und Eigeninteressen sind. Du machst dann einen riesigen Schritt auf deinem Heilungsweg, wenn du das akzeptieren kannst.

Lange Jahre war ich davon überzeugt, dass ich eine wundervolle Kindheit gehabt hatte und meine Eltern mich nur liebten. Das verstellte mir den Blick auf die Realität. Und die schaute folgendermaßen aus: Meine Eltern haben mich finanziell unterstützt, emotional nahezu gar nicht. Sie waren extrem beschäftigt, gingen ganz in ihrer Tätigkeit als Ärzte auf und waren nicht wirklich dazu berufen, Mutter und Vater zu sein. Ich habe darunter gelitten, dass sie mein Wesen nicht verstanden, meine übergroße Sensibilität nicht wahrgenommen und nie meine Partei ergriffen haben. Meine Mutter hat mir vermittelt, dass Männer mehr Respekt verdienten als Frauen, dass ich mich immer anpassen solle und dass es besser sei, nicht aufzufallen. Und mein Vater war überzeugt davon, dass es im Leben nur wichtig sei, Leistung zu erbringen – ohne Rücksicht auf das eigene Wohlbefinden. Sie rieten mir zu alten Rollenbildern und ermutigten mich nie, einen eigenen Weg zu gehen. Das alles verstärkte mein Gefühl der absoluten Hilflosigkeit und sorgte dafür, dass ich mir nicht vertrauen konnte. Das waren Fakten. Trotzdem haben sie auch viel Gutes getan. Sie ermöglichten mir, einige Male die Studienrichtung zu wechseln, weil ich nicht wusste, wohin ich gehörte, und waren großzügig mit Geschenken. Meine Mutter führte mich als Kind überallhin und holte mich wieder ab. Ich durfte Freunde einladen, auch in den Urlaub, und wir hatten immer Haustiere. Heute würde ich sagen, dass sie mich in praktischen Angelegenheiten sehr unterstützten. Mit seelischen Belangen wollten sie eher nichts zu tun haben, weil sie genau das bei sich selbst unterdrückten. Die Bedürfnisse eines Einzelnen zählten nicht und sollten zugunsten der Allgemeinheit zurückgestellt werden. „Leistung“ war ihre Göttin und „Funktionieren um jeden Preis“ ihr Gott. Dagegen waren „Genuss“, „Freude“ und „Lebensqualität“ Begriffe, die auf der Prioritätenliste meiner Eltern nicht vorkamen. Das ist keine Einstellung, die ein sensibles Kind stärkt, das sich nach Urvertrauen, Akzeptanz und liebevollem Umgang sehnt. Und viele Jahre meines Erwachsenenlebens waren geprägt von genau diesen Mustern. Aber es dauerte lange, bis ich bereit war, meine heiligen Kühe zugunsten eines realistischen Bildes meiner Familie zu korrigieren.

Gerdas Aufgabe bestand nun darin, als ersten Schritt zu erkennen, dass auch ihre Mutter nur ein Mensch ist – mit Fehlern und nicht so schönen Seiten. Sie hatte ihre Tochter geprägt und damit dazu beigetragen, dass deren Lebensfreude blockiert war. Dann galt es, sich dem Zorn darüber zu stellen. Das fällt Menschen mit „heiligen Kühen" oft besonders schwer. Ein Leben lang hatten sie sich nicht die leiseste Kritik am Verhalten der großen Tiere gestattet. Und nun sollte das Fühlen von Wut plötzlich nicht nur erlaubt, sondern sogar heilsam sein.

Wenn du eine „heilige Kuh" hütest, lebst du in einer ständigen Lüge. Denn du verdrängst einen großen Teil deiner wahren Gefühle – Groll, Unmut und Zorn. Und weil du schon beim Verdrängen bist, tust du das auch gleich mit deiner Freude, deinem Lachen und deiner Unbeschwertheit. Das kostet enorme Kraft, die dir dann an anderer Stelle fehlt. Außerdem bist du nicht authentisch, stehst nicht zu dir und flüchtest in körperliche Krankheit oder psychisches Leid. Du darfst deine Eltern kritisieren. Du musst auch nicht alles gut finden, was andere wichtige Menschen denken, fühlen und tun. Das ist in Ordnung! Also gesteh es dir ein und schau hin, dann wird aus der ganzen Sache kein Lebenskrafträuber, sondern ein Schritt auf dem Weg in Richtung Lebensfreude. Wenn du nicht mehr willst und nicht mehr kannst, dann sieh nach, ob in deinem Gatter heilige Kühe weiden. Und wenn ja – lass sie frei.

Angst und Panik – nein danke

Wenn starke Ängste und Panikattacken dein Leben bestimmen, dann weißt du, dass oft nicht mehr viel Lebensqualität übrig bleibt. Der Leidensdruck ist enorm, weil die Bewältigung des Alltags entweder von extremen Einschränkungen gekennzeichnet oder gar nicht mehr möglich ist. Ich habe im Laufe meiner Tätigkeit als Psychologin oder auch im Bekanntenkreis viele Betroffene erlebt, denen es mit der Zeit besser ging. In den meisten Fällen nahmen sie Medikamente ein und absolvierten viele Therapien. Auch ich machte das, ein wirklicher Erfolg stellte sich aber nicht ein. Irgendwann sagte ein Arzt zu mir: „Sparen Sie Ihr Geld – nach diesen vielen Versuchen wird Ihnen keiner helfen können." Das war einerseits ein Schock für mich, verschaffte mir aber andererseits auch eine Erkenntnis: Eine der gängigen Therapieformen konnte mich offenbar nicht von meinem Leid erlösen. Also würde ich es entweder selbst schaffen oder eben nicht. Oder „jemand" beziehungsweise „etwas" würde in mein Leben treten und mich auf meinem Weg unterstützen. Und genauso ist es dann geschehen.

Eines Tages lernte ich Waltraud Gauglitz kennen. Sie kontaktierte mich über Facebook, weil sie eine ähnliche „Panikvergangenheit" durchgemacht hatte, wie ich. Sie lebt in Deutschland und hat etwas vollbracht, das ich bis dahin zwar theoretisch für möglich hielt, aber noch nie live erlebt hatte: Sie hat sich selbst von ihren Angstattacken geheilt. Und zwar so nachhaltig, dass sie in den zwanzig Jahren seither nie wieder einen Anfall erleben musste. Obwohl sie in dieser Zeit schweren Herausforderungen auf allen Ebenen gegenüberstand, war die Panik aus ihrem Leben verschwunden. Sie hatte die Angst für immer „gelöscht". Über ihre Erfahrungen hat sie das beeindruckende Buch *Der Weg aus der Angst: Der etwas andere Weg aus Panikattacken und Angstzuständen* geschrieben. Ich habe sie interviewt und kann dir als Betroffene nur empfehlen, mit ihr Kontakt aufzunehmen.

Du hast über 14 Jahre an Panikattacken gelitten, die deinen Alltag extrem belastet haben. Wie ist dein Leben damals verlaufen?
Ich hatte eigentlich kein Leben mehr. Ich konnte nicht einkaufen gehen, nicht Auto fahren, aber auch nicht allein zu Hause bleiben. Für alles brauchte ich Hilfe. Zeitweise war es so schlimm, dass ich mich nicht vom ersten Stock in den Hof zur Mülltonne oder in den Keller getraut habe. Ich wurde morgens wach und der erste Gedanke war ein Körpercheck: „Wo sitzt die Angst? Ist sie da?" Und sie war immer da. Auch nachts rissen mich Panikattacken aus dem Schlaf. Ich hatte dabei solche Todesangst, dass ich den Notarzt rief. Es kam immer wieder vor, dass ich mich plötzlich hinlegen musste, weil ich Angst hatte zu sterben. Es war die Hölle. Freunde blieben weg, weil ich nirgends mitmachen konnte, in der Familie stieß ich auf Unverständnis, kurzum – mein Leben wurde von der Angst und den Gedanken an die Angst bestimmt. Alles drehte sich nur mehr darum. Anfangs machte meine Familie sich noch Sorgen.

Aber als es nach vielen Untersuchungen hieß „organisch gesund", hörte ich nur noch: „Reiß dich doch mal zusammen."

Nachdem du – erfolglos – viele Therapien gemacht und auch verschiedene Medikamente eingenommen hast, wurde dir klar, dass du dir nur selbst helfen kannst. Was ging damals in dir vor?
Nach einem Umzug war ich ohne Therapeut und ohne Arzt, der mich kannte. Ich hatte absolut keine Lust mehr, wieder einmal jemand Neuem meine ganze Leidensgeschichte zu erzählen. Aber die Angst behalten, wollte ich auch nicht. Also fing ich an zu forschen und experimentierte mit mir selbst. Ich führte Tagebuch und schrieb jeden Gedanken auf, notierte, wie ich mich in bestimmten Situationen gefühlt hatte, was ich befürchtet hatte. Irgendwann fand ich die Zusammenhänge heraus und plötzlich stand die Lösung direkt vor mir.

Du hast es nach jahrzehntelanger Qual geschafft, dich mit einem völlig neuen Ansatz selbst zu heilen. Und zwar so nachhaltig, dass du nie wieder eine Attacke hattest! Wie sehen die Grundlagen deiner „Lehre" aus?
Das Wort „Lehre" gefällt mir gar nicht. Eigentlich müsste schon längst jeder Mediziner und jeder Therapeut wissen, was ich herausgefunden habe. Meine Erkenntnisse basieren auf drei Grundlagen: erstens, verstehen, was mit einem passiert, zweitens, akzeptieren, drittens, loslassen.

Was ist dabei besonders wichtig?
Das Allerwichtigste ist, zu begreifen, was bei einem Panikanfall passiert. Angst verursacht, dass Adrenalin ausgeschüttet wird und das hat verschiedene körperliche Auswirkungen – ist also eine „normale" Reaktion. Damit das nicht in Vergessenheit gerät, muss man sich die Folgen einer „Adrenalinwelle" so lange vor Augen halten, „bis es sitzt". Das nimmt der Angst schon viel von ihrem Schrecken.

Ebenso wichtig ist das Akzeptieren. Kämpfe also nicht gegen die Angst und setze ihr keinen Widerstand entgegen. Du kannst nur jene Dinge ändern, deren Existenz du zunächst akzeptierst.

Das Dritte ist das Loslassen. Wenn du jetzt eine Panikattacke hast, dann ist das so. Stelle dich nicht dagegen, lass sie so gut wie möglich über dich hinwegrauschen, lass sie dich schütteln und beugen. Widersetze dich nicht und dann lass sie los. Erkenne: Wenn du heute eine Panikattacke hast, heißt das nicht, dass du morgen wieder eine hast. Es ist alles eine Sache der Disziplinierung unseres Denkens. Das Akzeptieren nimmt den Kampf und das Loslassen nimmt die Angst vor der Angst. Loslassen heißt, ich lasse die Attacke links liegen, wenn sie vorbei ist – sie ist Vergangenheit. Mit der nächsten Panikattacke werde ich genauso umgehen. Es werden noch viele kommen. Versuche, dich sogar darüber zu freuen, denn nun hast du eine Gelegenheit, zu üben. Schrittweise tritt so die Angst in den Hintergrund. Bei mir hat es zwei Jahre gedauert, dann war ich vollkommen panikfrei. Jetzt empfinde ich nur noch Furcht, die auf bestimmte Situationen bezogen ist, wie zum Beispiel vor einem Zahnarztbesuch. Aber ich hatte nie wieder eine Panikattacke, denn ich habe das Panikprogramm gelöscht. Dieses Programm löscht sich nicht, wenn du Widerstand leistest. Dieser Widerstand jedoch wird in den herkömmlichen Therapien geradezu erlernt. Bei der Konfrontationstherapie zum Beispiel geht es darum, sich den ärgsten Ängsten zu stellen. Damit wird nur gelernt, eine heftige Adrenalinausschüttung auszuhalten. Bei der Psychoanalyse oder anderen Gesprächstherapien wird ewig in der Kindheit herumgebohrt. Das alles bringt meiner Erfahrung nach nichts. Je mehr du dich mit der Angst beschäftigst, desto mehr hältst du sie fest. Konfrontationstherapie bedeutet kämpfen und die Angst zurückdrängen. Vor diesem Hintergrund kann sie jederzeit wieder durchbrechen. Und analysieren heißt, Ursachen finden, die man heute nicht mehr ändern kann. Das hilft nichts! Du muss die Angst vergessen. Du hast sie dir angewöhnt, also kannst du sie dir auch wieder abgewöhnen. Es ist einfacher, als man denkt, wenn man es mal geschafft hat. Der Gedanke „Ich will diese Angst nicht haben" ist zwar total verständlich, muss aber weg. Denn das ist Widerstand. Genauso wichtig ist es, die Gedanken neu zu programmieren, indem du loslässt. Lass die Panikattacke sein, geh weiter, lass los.

Über deine besondere Methode hast du das Buch „Der Weg aus der Angst" geschrieben. Bietest du Betroffenen auch weitere Hilfsmöglichkeiten?
Ich habe eine Website ins Leben gerufen, www.ohne-angst.com, über die jeder, der sich von mir helfen lassen will, mit mir in Kontakt treten kann. Vor allem in den Anfangsmonaten macht man viele Fehler. Das Angstdenken hat sich so tief eingegraben, dass man allein schwerer wieder herausfindet als mit Unterstützung. Manchmal hat man auch gar nicht die Kraft dazu oder ist zu verzweifelt. Dann braucht man einen kleinen Schubs, der einem wieder Mut macht.

Du hast etwas geschafft, wovon andere träumen. Wie hat sich dein Leben seither verändert?
Ich habe ein „normales" Leben, bin eine berufstätige Alleinerzieherin. Ich verreise mit dem Zug, das war früher unmöglich – heute liebe ich es. Ich gehe überallhin, auch große Menschenansammlungen machen mir nichts mehr aus. Ich lebe bewusster, weil ich erfahren habe, dass jeder seines Glückes Schmied ist. Nichts ist unmöglich, du musst nur den für dich richtigen Weg finden. Mir wurde gesagt, Panikattacken verschwinden nie ganz, auch nicht in panikfreien Zeiten. Sie bleiben in der Erinnerung und können jederzeit wieder ausbrechen. Das ist definitiv nicht wahr! Ich hatte seit 20 Jahren keine Panikattacke mehr, obwohl ich durch schwere Zeiten gehen musste. Deshalb stehe ich zu meiner Überzeugung: Die gesamten bekannten Therapien helfen nicht dabei, sich die Angst abzugewöhnen. Ich bin überzeugt davon, dass Panikattacken nur so zum Verschwinden gebracht werden können, wie ich beschreibe. Das erkläre ich gerne jedem Therapeuten, Arzt oder Universitätsprofessor.

Waltraud sagt noch etwas sehr Interessantes: „Panik ist Angst vor der Freiheit!" Das ist so wahr. Ich weiß aus eigener Erfahrung, wie tief die Hoffnungslosigkeit gerade im Falle von Angst und Panik ist. Aber Waltraud hat uns vorgelebt, dass es den Weg „heraus" gibt. Das gibt Zuversicht und Mut!

Die Sache mit der Todesangst

Angst ist das Gefühl, das uns am häufigsten daran hindert, voll am Leben teilzunehmen. Glaub mir, ich weiß, wovon ich schreibe. Ich bin Profi im extremen Erleben dieser Emotion und auch im Umgang mit ihr. Aber ich weiß, dass andere Menschen ebenso an Ängsten leiden. Natürlich empfindet nicht jeder Angst als Todesangst, aber ich kenne niemanden, der völlig furchtlos ist. Und ich bin fest davon überzeugt, dass hinter jedem psychischen und körperlichen Leidenszustand Angst steht. Immer. Ohne Ausnahme. Wenn du also nicht mehr kannst oder nicht mehr willst, frage immer zuerst nach deinen Ängsten. Wenn du ehrlich zu dir bist, wirst du Antworten finden. Lass dir bitte helfen, falls du den Zusammenhang zwischen deinem speziellen Schmerz und der Angst nicht erkennst. Denn sonst bist du unter Umständen auf „Baustellen" unterwegs, die gar nicht Sache sind und dich nur aufhalten.

Viele Menschen mit einer langen Leidensgeschichte fürchten sich vor dem Leben und vor dem Sterben. Aber manchmal ist der Gedanke an den Tod wie eine Sehnsucht. Kennst du dieses Gefühl? Du möchtest dann nur das: keinen täglichen Kampf ums Überleben – der einen oder anderen Art – mehr, keine Ansprüche des Lebens an dich, keine Herausforderungen mehr, denen du dich nicht gewachsen fühlst. Schluss mit dem Gedankenkarussell, dem Chaos der Gefühle, dem unendlichen Schmerz, der tiefen Verzweiflung, den körperlichen Behinderungen. In diesen Momenten kommt dir der Gedanke an den Tod nur tröstlich vor. Und du sagst dir: „Gut, wenn es jetzt geschieht, dann bin ich einverstanden." Aber meist sind das nur Augenblicke. Denn der „Tod" wird all das von dir fordern, was für dich bisher im Leben schwierig oder unmöglich war – Hingabe, Loslassen, die große Ungewissheit und das Akzeptieren von Veränderung.

So vieles, was du bisher getan oder nicht getan hast, ist nur aus einer Motivation heraus geschehen: dich nicht dem Gefühl deiner vermeintlichen „Vernichtung" auseinandersetzen zu müssen. Jeder empfindet etwas anderes als Auslöschung seiner selbst. Was bringt dich in die Nähe der Todesangst? Verlassen zu werden, Ablehnung, allein zu sein, zu versagen, der Verlust eines Menschen, dich lächerlich zu machen, eine Kündigung, vor vielen Menschen sprechen zu müssen, eine finanzielle Notlage, Panikattacken, Depressionen, eine Erkrankung? Deiner persönlichen Geschichte, deinen Erfahrungen und den alten Wunden entsprechend, kann dich alles und jedes so weit bringen. Also verhältst du dich so, dass du deine vermeintliche Sicherheit nicht verlierst. Du sagst „ja", wenn du „nein" meinst, bleibst in einem Job, der nicht deine Berufung ist oder wo du gemobbt wirst, lässt andere nicht an dich heran, fliehst auf viele Arten vor Nähe, klammerst dich an einen Menschen, der gehen will, geizt mit Geld, hängst an Personen, die dir nicht guttun, lässt dich ausnutzen, ziehst dich schnell zurück, betäubst die tiefe Angst mit Alkohol, Drogen und durch andere Süchte, bist übermäßig aggressiv, isst zu viel oder zu wenig, tust alles, um nicht aufzufallen. Es gibt tausend Möglichkeiten, eine Sicherheit bewahren zu wollen, die in Wahrheit nicht existiert. Aber trotz aller Vorsichtsmaßnahmen holen dich Angst und Schmerz immer wieder ein. Die zwanghaften Kontrollversuche sind also sinnlos. Das, was du kontrollieren willst, wird schließlich dich kontrollieren.

Menschen mit Panikattacken und starken Ängsten leiden besonders unter Todesangst, bei anderen zeigt sich das Angstgefühl meist nicht so dramatisch. Aber im Kern ist jede Angst die vor der Vernichtung, ob du das nun unmittelbar spürst wie ich und andere von Panikattacken Geplagte oder nur diffus. Aber ich sage dir jetzt als Fachfrau und als Betroffene: Jede Angst ist die Angst davor, nicht mehr zu existieren! Das betone ich in allen meinen Büchern, weil es so wichtig ist. Du kannst sie nur auflösen, wenn du dich daran erinnerst, dass es dich immer geben wird. Du bist immer sicher! Selbst wenn du in diesem Moment stirbst, bist du sicher!

Mein Leben mit so vielen Ängsten, die sich nie verdrängen ließen, hat dafür gesorgt, dass ich mich sehr mit dem Thema auseinandergesetzt habe. Und von „gering" konnte bei mir nie die Rede sein. Ich spürte Todesangst bei Panikanfällen, aber ich fürchtete mich auch heftig vor anderen Dingen. Hier ist eine Liste meiner Ängste, die keinen Anspruch auf Vollständigkeit erhebt: Ich hatte Angst vor anderen Menschen, Krankheiten, dem Fliegen, Angst vor geschlossenen Räumen wie U-Bahnen, Züge oder Lifte, aber auch vor Veranstaltungen, die einen Anfang und ein Ende hatten, also zum Beispiel vor Theatervorstellungen, Kino- oder Restaurantbesuchen. Ich hatte Angst vor Beziehungen, aber auch vor dem Alleinsein, vor jedem medizinischen Eingriff, vor Krankenhäusern, vor dem Erbrechen, vor Sex, vor Reisen und immer wieder davor, dass mir in der Öffentlichkeit schlecht werden würde. Ich fürchtete mich vor Konflikten, Ablehnung, schweren Krankheiten und tausend Dingen mehr. Schließlich hatte ich im wahrsten Sinn des Wortes Todesangst vor jener unvermeidlichen Stunde, in der mich keiner fragen würde, ob ich bereit sei, loszulassen und mich dem Unabänderlichen hinzugeben.

Der Tod wird kommen und mich auf eine Art Rutsche setzen. Und kein Anklammern oder Auflehnen wird verhindern, dass ich – so wie alle anderen vor mir – in das größte Mysterium der Menschheit gleite. Oder stürze. Oder gerissen werde. Wer weiß das schon? Was werde ich empfinden? Wohin gehe ich, wenn ich tot bin? Und die vielleicht wichtigste Frage: Wird es für mich weitergehen oder werde ich ausgelöscht? Bleibe ich meiner selbst bewusst oder verschwinde ich als Wassertropfen im Ozean? Das wäre vielleicht auch irgendwie in Ordnung, aber so richtig gefällt mir der Gedanke doch nicht. Auch die Auffassung, dass wir zwar weiterexistieren, aber in das „große Nichts" gehen, hat mich nie getröstet. Was soll denn bitte dieses „Nichts" sein? Etwas in mir wehrt sich heftig gegen die Vorstellung, dass ich mich einfach in einem riesigen Meer oder im „Gar-Nichts" auflöse. Natürlich ist mir klar, dass wir keine Worte haben, um das auszudrücken, was geschehen wird, und vielleicht sind das ja durchaus attraktive Seins-Zustände. Eines ist sicher: Der Augenblick kommt, in dem ich es wissen werde.

In einer meiner allerschlimmsten Angstphasen, die den Alltag für Monate unmöglich machte, hatte ich ein zutiefst berührendes Erlebnis: Ich war in diesem halb wachen Zustand, den ich schon kannte, wurde aber irgendwie aus dieser Realität weggezogen und befand mich plötzlich in einem ganz besonderen Raum. Gott, mein Vater, meine Freundin Claudia und viele andere waren auch da – ich „sah" sie zwar nicht deutlich, war mir aber ihrer Gegenwart bewusst. Manche gingen einer Tätigkeit nach (so schien es mir zumindest), andere saßen einfach nur entspannt da. Die Szenerie war unglaublich liebevoll und friedlich. Mein Vater nahm mich in den Arm und sagte mir, dass alles gut werde. Das hat er im Leben nie getan. Ich hörte eine Stimme, von der ich wusste, dass sie Gott gehörte: „Diese belastende Zeit wird nicht mehr allzu lange dauern. Du erlebst einen kompletten Neuanfang. Atme, bewege dich, so gut es geht, und denk immer, dass du nie alleine bist. Eines Tages wirst auch du hier bei uns sein." Ich fragte bange: „Werde ich jetzt sterben?" Er lächelte und sagte: „Du weißt doch, dass es so etwas wie den Tod nicht gibt. Aber nein, es ist nicht deine Zeit. Und du wirst den Rest deines Lebens auch noch viel Spaß haben." Alle umarmten mich, es war wunderschön. Gott sprach weiter mit mir: „Du hast diese extremen Angsterfahrungen selbst gewählt und damit ein schwieriges Schicksal auf dich genommen. Wir haben das gemeinsam beschlossen, ehe du dieses Leben begannst. Aber: Du kannst es jederzeit beenden. Mach dir auch keine Sorgen wegen der Tabletten, die du nimmst. Sie richten keinen Schaden an und du wirst sie nicht mehr benötigen, wenn es dir besser geht." (Anmerkung: Ich hatte mir immer Sorgen gemacht, dass die Psychopharmaka extrem schädlich für mich wären. Aber es ging mir so schlecht, dass ich keine andere Wahl hatte, als sie einzunehmen.) Gott sprach weiter: „Berichte den Menschen von deinen Erlebnissen. Du bist eine Heilerin, weil du anderen durch deine eigenen Erfahrungen wichtige Einsichten vermitteln kannst. Für die jetzige Phase sage ich dir: Vertraue darauf, dass du immer genau die Hilfe bekommst, die du benötigst, und gerade so viel „Sicherheit", wie du im Moment noch brauchst. Die Zeit ist nahe, in der dieser Erfahrungszyklus endet. Du wirst ihn beenden! Jetzt geh und mach dich hübsch, nimm ab, damit du dich wohler fühlst, pflege dich – und dann hinaus ins Leben." Ich war tief berührt und völlig fassungslos. Natürlich gefiel mir sehr, was ich da „hörte". Aber ich sollte eine Heilerin sein? Ich fühlte mich immer wieder nur wie ein Bündel Mensch, das sich oft mit letzter Kraft durch dieses Leben schleppte. Dann fiel mir ein, dass ich von jenen Menschen am meisten profitierte, die ihre eigene Hölle durchquert hatten. Von ihnen fühlte ich mich besser verstanden. Aber dass Gott sogar bemerkte, dass ich in meinem Elend aufgehört hatte, meinen Körper einzucremen, ja manchmal sogar einen Pulli mit Flecken anzog, war doch extrem. Das fand ich toll. Immer wenn ich nicht weiterweiß, schließe ich die Augen und rufe mir die Szene ins Gedächtnis. Ich habe seither nie wieder Ähnliches erlebt, aber es fällt mir sehr leicht, mich daran zu erinnern.

Diese Erkenntnis ist von großer Wichtigkeit: Die Angst davor, dass eintritt, was auf keinen Fall eintreten darf, sorgt dafür, dass du weit unter deinen Möglichkeiten lebst. Du kannst den Verlauf des Schicksals nicht aufhalten. Eines Tages kommt der Tod zu dir und das Leben, wie du es bisher kanntest, wird enden. Du lässt los, weil es keine andere Möglichkeit mehr gibt. Vielleicht wirst du zu deinem großen Erstaunen feststellen, wie unglaublich gut sich das anfühlt. Und du wirst nicht mehr verstehen, warum du jemals vor irgendetwas Todesangst hattest.

Was wäre, wenn du diese Erfahrung schon jetzt machen würdest? Wenn du alles losließest, was dir schon so lange großes Leid verursacht? Am Tag X musst du das ohnedies tun, weil dir nichts anderes übrig bleiben wird. Du könntest doch den Rest deines Lebens damit verbringen, diese Dinge zu üben: Akzeptanz, Loslassen, Vertrauen und Hingabe an das, was ist. Das ist der einzige Weg, den ich kenne, wie das Leben gelingen kann – unabhängig von der Art deines besonderen Leides. Und wenn die Todesstunde kommt, wird dir diese innere Haltung helfen, mit einem kleinen Schwupps auf der anderen Seite anzukommen. Also warum nicht gleich das tun, was eines Tages ohnedies unabwendbar ist? Das Leben geschieht – ob ich nun einverstanden bin oder nicht. Aber dennoch habe ich unglaublich tolles Werkzeug in der Hand, um damit klarzukommen: meine Gedanken und meine Gefühle. Denn ich entscheide, wie ich mich zu all den Ereignissen stelle. Und ich bin fest davon überzeugt, dass auch die unangenehmsten Situationen (gerade die!) mir helfen, immer besser zu erkennen, wer ich bin – unsterblich, ewig, unzerstörbar.

Und wenn ich mich an diese Tatsache einmal wirklich erinnere, endet jede Angst. Dann gehe ich voll auf das Leben zu und lasse mich furchtlos darauf ein. Denn ich weiß, dass ich nur für einen bestimmten Zeitraum hier bin und dann wieder nach Hause gehe. Natürlich kann ich verletzt, enttäuscht oder auf andere Art schlecht behandelt werden. Ich erlebe Panikattacken, Ängste, Depressionen oder Krankheiten. Und das gefällt mir gar nicht. Aber es sind Herausforderungen, die ich mir selbst gestellt habe. Und es ist auch spannend, herauszufinden, wie ich sie bewältigen könnte. Und wenn mir das nicht gelingt? Dann mache ich für die restliche Zeit das Beste aus dem, was trotz aller meiner Beeinträchtigungen möglich ist. Und schließlich gehe ich „heim" und ruhe mich aus. Denn das habe ich nach dem ganzen Zirkus ja nun wirklich verdient. Dann gibt es Plauderstunden mit meinem Vater und meiner lustigen Freundin Claudia. Und an einen Ex-Partner, der schon länger drüben ist, hätte ich auch noch ein paar Fragen. Also überleg dir schon mal Antworten, lieber Karl! Und wie immer, wenn ich an mein wirkliches Zuhause denke, freue ich mich so ungeheuerlich auf meine geliebten Tiere.

Für welchen weiteren Weg du dich auch entscheidest – es kann dir nichts passieren. Aber vielleicht willst du mich ja begleiten. Ich übe nämlich nicht nur das Loslassen von bestimmten Menschen, Situationen oder Einstellungen, sondern möchte generell im Zustand des Loslassens leben! Das bedeutet: Ich tue in allen meinen Angelegenheiten das, was ich ohne Druck, Zwang und Panik erreichen kann. Und überlasse den Rest Gott, dem Universum, meiner weisen Seele oder dem Himmel. Kommst du mit? Ich freue mich!

Lass andere an dich heran

Ich habe festgestellt, dass viele von uns so verletzt sind, dass sie andere Menschen nicht wirklich nahekommen lassen oder dass sie Mechanismen entwickelt haben, andere immer wieder zu vertreiben. Das kann auf folgende Arten geschehen: durch klammern oder „monologisieren", durch Schuldzuweisungen, übermäßige Kontrolle, ständiges Beklagen, Mangel an Kontaktpflege, emotionale Erpressung, Dominanz, Rückzug ohne Erklärung, Lügen, Unzuverlässigkeit, Arroganz, extreme Bindung an ein Elternteil oder einen Ex-Partner, überhöhte Ansprüche, Missachtung der Bedürfnisse des anderen oder übertriebenes Unterordnen. Betroffene klagen dann über Einsamkeit, sehen aber nicht, dass sie selbst dazu beigetragen haben und immer weiter dazu beitragen.

Ich verstehe deine Verletzlichkeit. Dir sind schlimme Dinge geschehen – in der Kindheit und auch später. Du hast jedes Vertrauen in die Menschen verloren, falls du es überhaupt je aufbauen konntest. Du wurdest auf viele Arten misshandelt, hintergangen, betrogen, ausgenutzt. Andere haben dir das Herz gebrochen, indem sie dich immer wieder enttäuscht oder verlassen haben. Du hast also jeden Grund, Menschen zu meiden, ihnen zu misstrauen oder dich unbewusst so zu verhalten, dass sie wieder gehen. Hör bitte trotzdem damit auf! Manchmal ist es natürlich das Beste, was du für dich tun kannst, gewisse Personen nicht in deinen „Bereich" zu lassen oder sie wieder auszuschließen. Aber das gilt nicht für jeden!

Es gibt Menschen, die es verdienen, dir nahe zu sein. Sie haben ein offenes Herz, durch das Wärme fließt, eine liebevolle Art, Humor und Güte. Sie haben kein Interesse daran, andere „einfach so" zu verletzten. Auch auf ihrem Weg gab und gibt es Krisen, schlimme Erfahrungen und Leid. Sie haben geweint, sind verzweifelt und haben sich hilflos und als Opfer gefühlt. Sie haben Wut gespürt, Trauer, Hass und Angst. Und auch sie haben mehr als einmal gedacht: „Ich kann nicht mehr, ich will nicht mehr." Aber im Endeffekt haben sie jede

Herausforderung ihres Lebens als Chance gesehen, sich mehr der Liebe zuzuwenden. Auch sie haben ihr Herz zunächst noch mehr verschlossen. Aber dann kam ein Punkt, an dem sie begriffen haben, dass das der sichere Weg in die totale Isolation ist. Und sie haben es gewagt, sich trotz aller Schmerzen den anderen und dem Leben wieder zuzuwenden – wenn nicht sofort, so doch nach einiger Zeit.

Andere Menschen sind nicht automatisch deine Feinde. Sie haben auch ihre Geschichte und eine eigene Art, mit den Erfahrungen umzugehen. Nicht jeder will dich mit dem, was er sagt oder tut, kränken. Natürlich kann es trotzdem dazu kommen, dass du dich verletzt fühlst. Dann vergießt du vielleicht Tränen, schweigst eisig, machst ein vorwurfsvolles Gesicht. Aber heute kannst du diesen alten Mustern entkommen. Gib einem Menschen, von dem du dich gekränkt fühlst, Feedback. Das bedeutet: Sag ihm, was dich betroffen gemacht hat, und höre, was er dazu meint. Viele Missverständnisse werden sich auf diese Art auflösen. Manchmal lässt sich die Situation auch nicht klären, aber das ist dann eben so. Möglicherweise ordnen sich die Dinge zu einem späteren Zeitpunkt doch noch. Und wenn nicht, stelle dich eben darauf ein. Das schaffst du umso besser, je mehr du dich liebst und respektierst. Denn natürlich erfordert diese Vorgehensweise auch Mut.

Achte darauf, wie es dir im Zusammensein mit einer Person wirklich geht. Fühlst du dich nicht wohl, dann gibt es zwei mögliche Gründe. Erstens: Dieser Mensch passt einfach nicht zu dir, hat möglicherweise negative Gefühle – wie zum Beispiel Neid – dir gegenüber oder ist ausschließlich mit sich selbst beschäftigt und raubt dir nur Energie. Zweitens: Deine eigenen Ängste und Vorbehalte sind der Grund für dein Unwohlsein. Denn wenn du ehrlich bist, ist diese Frau oder dieser Mann wirklich nett. Siehst du also nicht genau hin, wirst du vielleicht jemanden aus deinem Leben streichen, der es durchaus verdienst hätte, einen Platz darin einzunehmen. Und das ist sehr schade.

Der häufigste Grund, andere nicht an sich heranzulassen, ist die Angst, wieder verletzt zu werden. Gib den Menschen eine Chance, aber achte auf dich, lass nicht zu, dass du auf irgendeine Weise missbraucht oder schlecht behandelt wirst. Stell jedoch keine allzu strengen Regeln auf. Wir alle sind Menschen mit einer Vergangenheit, in der wir Schmerz erlitten haben. Wäre es nicht schön, wenn wir uns beim Heilen dieser Wunden helfen, anstatt uns auszuschließen oder zu meiden? Und selbst wenn es „nicht klappt" – der Versuch zählt. Ein „Scheitern" ist schmerzhaft, aber es bringt dir wieder neue Erkenntnisse darüber, was dir wirklich wichtig ist. Je mehr du zu dir und deiner Wahrheit stehst, desto mehr echte Gefährten werden dir begegnen. Auch in diesen Beziehungen wird nicht immer alles rund laufen, aber sie haben eine deutlich andere Qualität. Trau dich!

Du darfst wütend sein – aber nicht ständig

Wenn du ehrlich bist, dann erkennst du, dass deine Grundstimmung mit einem Wort zu beschreiben ist: wütend. Manchmal spürst du stattdessen auch die unglaubliche Trauer, die stets hinter dem Zorn steht. Und dann glaubst du, dieser Schmerz löst dich auf. Aber kaum ist das vorbei, gewinnt die Wut wieder die Oberhand.

Es gibt nun zwei „Varianten", wie du auf deine Gefühle reagierst: Du „fährst jeden an", gehst keinem Streit aus dem Weg – und giltst als unbeherrscht und grob. Oder du versteckst deine Wut hinter einer Vielzahl körperlicher Beschwerden, hinter Übergewicht, falscher Freundlichkeit und passiver Aggression. Das bedeutet, dass du anderen die Freude verdirbst, überkritische Kommentare abgibst, niemandem Erfolge gönnst, dich immer als Opfer darstellst und so verhinderst, dass dir einmal jemand die Meinung sagt. In beiden Fällen verhindert deine Wut, dass du zu innerer Ruhe kommst. Außerdem treibst du Menschen damit von dir fort.

Es kann aber auch sein, dass sich dir das Thema Wut von einer anderen Seite nähert. Gestehst du dir zum Beispiel ein, wütend zu sein, oder ist dieses Gefühl ein absolutes Tabu? Spürst du deinen Zorn, ohne dass es dieser „nach draußen schafft"? Oder merkst du erst viel später, dass dich eine bestimmte Situation eigentlich wütend gemacht hat?

Wütend sein, das ist so natürlich wie atmen, aber vielen von uns wurde in der Kindheit vermittelt, dass es ganz und gar nicht in Ordnung ist: Wir wurden für Wutäußerungen bestraft, jemand machte sich über das „Zornbinkerl“ lustig oder es war irgendwie von vornherein klar, dass es besser ist zu schweigen.

Wir wachsen auf und sehen uns immer wieder mit Ereignissen konfrontiert, die es erfordern würden, schärfer zu reagieren. Aber es geht nicht. Wir trauen uns nicht, haben Angst vor den Konsequenzen oder nehmen nicht einmal wahr, dass uns gerade jemand massiv auf die Zehen gestiegen ist. In jedem Fall bleibt die unterdrückte oder nicht gespürte Wut in unserem Körper und in der Psyche. Dort sorgt sie für Migräne, Asthma, Verdauungsprobleme, Herzbeschwerden, Verspannungen, Depressionen oder Angstzustände. Ich teile durchaus die Meinung, dass sich auch hinter Rheuma Wut verbirgt. Um es bildlich auszudrücken: Ein Mensch will sich wehren und die Faust ballen, um „zuzuschlagen“. Doch es gelingt ihm nicht, und so bleibt die Energie im Körper „stecken“ und verursacht Schmerzen. Wut löst sich nicht einfach auf. Und so kommt es, dass viele von uns mit einer Bombe in sich leben, die sie sorgsam unter Verschluss halten, oft nicht einmal wissend, dass sich dieses Monstrum in ihnen befindet.

Ich gehörte zu jenen, die schnell Wut spüren, sich aber in der Regel nicht trauten, diese zu äußern. Es gab in meinem Leben allerdings ein paar Situationen, wo die Wut so stark war, dass es „klick“ gemacht hat und nicht einmal meine Angst verhindern konnte, dass ich laut wurde: bei der Misshandlung von Kindern und Tieren oder Demütigungen, die Menschen anderen zufügten. Auf Angriffe reagierte ich mit betonter Ruhe oder gar nicht, obwohl sich mein Solarplexus dabei anfühlte wie ein Stein, mein Puls raste und ich am ganzen Körper zitterte.

Ich wusste immer, dass sich in den Jahren viel Wut in mir angesammelt hatte, aber ich wusste nicht, wie wütend ich eigentlich war. Da gab es Wut über Zurückweisungen, Ignoranz, das Nichtverstanden-Werden, über Reaktionen von anderen, die ich als grausam empfand, über mein durch meine vielen Beschwerden bedingtes Außenseiterdasein,

Wut auf mich selbst, weil ich mein Leben nicht leben konnte, Wut auf meine Gewichtsprobleme, auf die Probleme, die meine Zähne seit jeher verursachten, und auf viele Dinge mehr. Eines Abends ging ich mit meinem Hund spazieren, als all die versteckte und vergessene Wut in mir hochkam, ich bekam kaum Luft und ein bitterer Geschmack lag in meinem Mund. Und dann sagte ich ganz laut: „Ich hasse euch alle. Und ich hasse mich." Ich empfand diesen Hass so stark, dass ich dachte, ich müsse explodieren. Dann kamen die Tränen. Ich weinte wegen all der Schmerzen, die andere mir zugefügt hatten und die ich mir selbst noch immer bereitete. Als das Weinen abebbte, gab ich mir ein Versprechen: Ich würde künftig alles tun, um mich gut zu behandeln. Ich konnte das Leid der Vergangenheit nicht mehr ändern. Aber ich würde dafür sorgen, dass ich mit Schmerz in Zukunft anders umgehen würde, als ihn zu speichern, bis alle Dämme brechen. Heute gestehe ich mir zu, wütend zu sein, weil „er" das gesagt oder „sie" sich so verhalten hat. Auch auf mich selbst, weil ich wieder einmal eine Tafel Schokolade vernichtet habe und nicht nur eine Rippe. Aber das Gefühl hält nicht an. Ich bin wütend, äußere das, kläre Dinge oder erlaube mir, einen Schwachpunkt zu haben – zum Beispiel „in puncto Schoki". Manchmal registriere ich auch nur, dass ich zornig bin und reagiere zuerst einmal gar nicht. Da ich nun weiß, dass ich mich wehren kann, muss ich nicht mehr jeden Kampf kämpfen. In manchen Fällen ist es einfach besser, etwas vorüberziehen zu lassen. Wenn eine Freundin sich im Ton vergreift und ich weiß, dass sie unter enormem Druck steht, lasse ich das heute unkommentiert – kann deswegen aber trotzdem Zorn spüren (sollte es öfter vorkommen, würde ich es allerdings ansprechen).

Wie ist dein Verhältnis zum Wütend-Werden? Darfst du oder darfst du nicht? Wenn du meist wütend „gestimmt" bist, dann darfst du zwar, aber es geht immer noch darum, wie du mit diesem Gefühl umgehst. Nur schreien, toben oder verdeckt aggressiv sein, ist auch keine Lösung.

In Kursen zur Selbstliebe oder auch in Einzelstunden sehe ich immer wieder in schockierte Augen, wenn das Thema Wut diskutiert wird. Auf die Frage, was damit verbunden werde, kommen Aussagen wie „Ein anständiger Mensch wird nicht zornig", „Ich bin nie wütend", „Ich habe Angst, dass Streit entsteht, dem ich nicht gewachsen bin", „Die Person wird mich dann nicht mehr mögen, und das halte ich nicht aus", „Bei mir tut sich lange nichts, und dann bekomme ich einen richtigen Wutanfall". Machen wir uns nichts vor – wenn du wütend bist und das auch zeigst, werden die anderen nicht danebensitzen und Beifall klatschen. Es kann also tatsächlich sein, dass Konflikte entstehen oder jemand böse auf dich ist. Aber sollst du deshalb immer nur schlucken? Der Preis ist eindeutig zu hoch. Wenn du ernsthaft behauptest, nie zornig zu werden, mach dich bitte auf Spurensuche. Jedes Kind hat den Impuls, wütend zu werden, wenn es ein Spielzeug nicht bekommt oder Benachteiligung in irgendeiner Form erfährt. Ich kann mir einfach nicht vorstellen, dass dir das nie passiert ist. Aber sehr wahrscheinlich hast du unbewusst beschlossen, dass es gefährlich werden könnte, wenn du deine wahren Gefühle zeigst. Und so sind die wütenden Impulse in den Untergrund verschwunden, wo sie noch heute ihr Unwesen treiben – mit körperlichen oder psychischen Folgen.

Warum werden wir heute wütend? In erster Linie, weil irgendjemand oder jemand ganz Bestimmter eine alte Wunde berührt. Am häufigsten drücken Eltern, Partner, Geschwister, Kollegen oder Chefs, aber auch Kinder auf „unseren heiklen Knopf". Das heißt auch: Hinter der Wut steht immer der Schmerz!

Wenn du dich mehr liebst, beginnst du, die Wut unter einem anderen Aspekt zu sehen. Denn sie weist dich mit schlafwandlerischer Sicherheit auf Bereiche in dir hin, die der Heilung bedürfen. Wenn ich heute wütend werde, halte ich nach einer gewissen Zeit inne und frage mich: „Worum geht es hier wirklich? Welche alte Verletzung macht sich durch diese Wut bemerkbar?" Meist sind es tiefe Gefühle von Wertlosigkeit und Unwichtigkeit, die geheilt werden möchten. Vielleicht wurde dir als Kind vermittelt, dass du nicht zählst – und du konntest nichts dagegen tun. Heute bestimmst aber du selbst, wie du reagierst, wenn jemand dich schlecht behandelt. Niemand zwingt dich mehr, die Dinge einfach zu ertragen. Mit immer mehr Selbstliebe wirst du die richtigen Strategien für den Umgang mit Menschen finden, die dir wehtun. Schließlich wirst du nicht mehr so leicht wütend oder gekränkt sein. Denn du weißt um deinen Wert und bist nicht so schnell aus dem Gleichgewicht zu bringen.

Wie kannst du mit Wut umgehen?

- Gesteh dir ein, dass du wütend bist: Du empfindest dieses Gefühl, aber das bedeutet nicht, dass du sofort reagieren musst, wenn du dich noch nicht traust. Sammle einfach Information, indem du dir sagst: „Aha, jetzt bin ich wütend, weil ...“, „Wenn ich schon sehr selbstbewusst wäre, würde ich nun ...“
- Wenn du zu jenen gehörst, die Schwierigkeiten haben, überhaupt zu bemerken, dass sie zornig sind, achte auf das kleinste Unbehagen, das sich in einer bestimmten Situation einstellt. Vielleicht kannst du es ja dann später doch als Wut identifizieren.
- Wenn du ständig wütend bist, frage dich: Warum ist das so? Meist ist ein Sich-ungeliebt-Fühlen oder Neid der Grund. Du wärst gerne, was ein anderer ist? Jünger? Erfolgreicher? Attraktiver? Reicher? Gesünder?
- Lässt du immer wieder zu, dass deine Grenzen überschritten werden? Dann empfindest du wahrscheinlich andere als unverschämt und rücksichtslos. Tatsache ist aber, dass du auf dich selbst keine Rücksicht nimmst. Wenn du das erkennst, verhilft dir die Auseinandersetzung mit deiner Wut zu einem wunderbaren Lernprozess.
- Ganz pragmatisch: Atme in das Wutgefühl hinein, leg wilde Musik auf und tanze danach, wirf (altes!) Geschirr gegen eine Wand. Ich habe das getan und es war ungeheuer befriedigend. Allerdings gestaltete sich das Aufräumen der Scherben dann sehr mühsam. Du kannst auch Knurren, Zischen oder Fluchen. Sag nicht, dass du das nicht schaffst. Ich habe schon richtige Ladys fluchen gehört, die „derartige“ Worte zuvor nie in den Mund genommen hatten. Als sie es auf mein Anraten dann doch getan haben, empfanden sie es als ungeheuer befreiend.

Auch als Fortgeschrittener in Sachen Selbstliebe wirst du noch wütend werden, doch das wird nicht anhalten. Denn du erkennst die Botschaft hinter deiner Wut und handelst entsprechend.

Wut ist ein guter Motor, um Dinge zu verändern. Aber es ist nicht förderlich, im Zustand ständigen Zorns zu leben. Deshalb setz dich bitte damit auseinander.

Trau dich, über Veränderungen einmal nur nachzudenken: Das ist ungefährlich und schafft Perspektiven

Du kannst und willst nicht mehr, weil du so nicht mehr leben möchtest: Das kann dein Privatleben betreffen, die Art deiner Tätigkeit oder das Umfeld, in dem du arbeitest. Du leidest an Ängsten oder Depressionen oder hast eines der Probleme, die ich zu Beginn aufgezählt habe. Oder etwas ganz anderes macht dir zu schaffen. Und du siehst einfach keinen Ausweg. Menschen in solchen Situationen, die zu mir in die Praxis kommen, bitte ich, sich Folgendes vorzustellen: „Wenn eine Fee vor Ihnen stehen würde, die sagt: ‚Du kannst dir nun alles wünschen, was du möchtest, unabhängig von finanziellen Möglichkeiten, Ausbildung, Befinden.' Was wäre das?" Kaum jemand muss erst darüber nachdenken, die Ideen sprudeln nur so heraus. Oder ich frage: „Was würden Sie in Ihrem Leben ändern, wenn Sie ganz genau wüssten, dass Sie noch ein Jahr zu leben hätten?" Auch bei dieser Frage kommen die Antworten sehr schnell. Die meisten wissen also, was gut für sie ist. Aber sie haben in der Realität Angst, das auch nur anzudenken. Ich habe im Beisein der schönen Fee schon die unglaublichsten Sachen gehört: Eine Frau würde sich sofort aus einer lieblosen Beziehung trennen, eine andere auf der Stelle kündigen. Langjährige Ängste wären angesichts der Aussicht, „nur mehr ein Jahr zu leben", auf einmal nicht mehr bedeutsam. Fast alle würden sich sofort ins Leben stürzen und das tun, was sie wirklich wollen.

Tja, ihr Lieben, es ist nun einmal eine Tatsache, dass niemand von uns weiß, wann ihm die Stunde schlägt. Warum all die Dinge also nicht gleich in Angriff nehmen? Eine große Veränderung in meinem Leben hat in dem Moment stattgefunden, als mir so richtig klar wurde, dass ich nicht ewig Zeit habe. Und immer öfter fragte ich mich: „Will ich wirklich meine Energie an diese Sache verschwenden? Ist diese Situation es tatsächlich wert, mich zu kränken, zu ärgern oder aufzuregen?" Und wenn die Angst sich meldet, sagte ich immer öfter: „Okay, du bist da, aber ich habe jetzt echt keine Lust, dir Aufmerksamkeit zu schenken. Das ist schließlich meine Zeit."

Ich habe gestern eine Facebook-Freundin getroffen, die als Krankenschwester gearbeitet hat. Als sie eine Krebsdiagnose erhielt, beschloss sie, ihre Existenz in Deutschland aufzugeben und durch Asien zu reisen. Über ein Jahr lang war sie unterwegs, besuchte Heiler und verbrachte viele Tage in innerer Einkehr. Nun ist sie zurück und der Krebs ist verschwunden. Das ist sicher kein Weg für jeden, war aber der richtige für meine Freundin, die sich trotz großer Ängste dafür entschieden hat.

Es gibt so viele Möglichkeiten, auf die Herausforderungen des Lebens zu reagieren. Bring – zunächst nur in Gedanken – den Mut auf, eine andere Umgangsweise mit deinen Problemen ins Auge zu fassen als bisher, auch wenn du das Gefühl hast, mitten in einem Tornado zu stehen. Das ist in Ordnung, denn oft reinigen Stürme die Atmosphäre.

Du bist jetzt auf dieser Welt, aber das wird nicht immer so sein. Im Laufe deines Aufenthaltes hier hast du viele Möglichkeiten, dich den Dingen deines Lebens zu stellen. Niemand zwingt dich, immer auf der gleichen Schiene zu fahren und auf den gleichen Wegen zu stolpern. Nutze diese Chance! Halte für möglich, dass du eine trostlose Beziehung beendest, einen unpassenden Job hinwirfst und dich auf jeder denkbaren Ebene heilst. Wenn das unmöglich erscheint oder große Angst auslöst, dann denk einfach nur darüber nach. Was würdest du als Erstes tun? Welche Informationen benötigst du dafür? Gibt es Unterstützungsmöglichkeiten – privat oder professionell? Und dann fang an!

Wenn du dich fremd fühlst – suche deinen Stamm

Ich habe mich schon als Kind so gefühlt, als ob mein Zuhause woanders wäre. Natürlich konnte ich das nicht begründen, aber ich erinnere mich noch sehr gut daran. Damals – und auch später – empfand ich ein Gefühl der Einsamkeit, der Nicht-Zugehörigkeit, das ich mir lange nicht erklären konnte. Die Erde war nicht mein Planet und die Menschen waren nicht meine Schwestern und Brüder. Fast das ganze Leben war ich auf der Suche nach meiner wahren Familie. Wo waren die, zu denen ich wirklich gehörte? Manchmal hatte ich den Eindruck, einer oder einem von ihnen begegnet zu sein. Aber das stellte sich immer wieder als Irrtum heraus. Doch dann las ich den folgenden Text und wusste plötzlich: Das ist mein Stamm!

Ich suche meinen Stamm

Die Leute meines Stammes sind leicht zu erkennen:
Sie gehen aufrecht,
haben Funken in den Augen und
ein Schmunzeln auf den Lippen.
Sie sind weder heilig noch erleuchtet.
Sie sind durch ihre eigene Hölle gegangen,
haben ihre Schatten und Dämonen angeschaut,
angenommen und offenbart.
Sie sind keine Kinder mehr,
wissen wohl, was ihnen angetan worden ist,
haben ihre Scham und ihre Rage explodieren lassen
und dann die Vergangenheit abgelegt,
die Nabelschnur abgeschnitten und
die Verzeihung ausgesprochen.
Weil sie nichts mehr verbergen wollen,
sind sie klar und offen.
Weil sie nicht mehr verdrängen müssen,
sind sie voller Energie, Neugierde und Begeisterung.

Das Feuer brennt in ihrem Bauch!
Die Leute meines Stammes kennen
den wilden Mann und die wilde Frau in sich
und haben keine Angst davor.
Sie halten nichts für gegeben und selbstverständlich,
prüfen nach, machen ihre eigenen Erfahrungen und
folgen ihrer eigenen Intuition.
Männer und Frauen meines Stammes
begegnen sich auf der gleichen Ebene,
achten und schätzen ihr „Anders"-Sein,
konfrontieren sich ohne Bosheit und lieben ohne Rückhalt.
Leute meines Stammes gehen oft nach innen,
um sich zu sammeln,
Kontakt mit den eigenen Wurzeln aufzunehmen,
sich wiederzufinden,
falls sie sich durch den Rausch des Lebens verloren haben.
Und dann kehren sie gerne zu ihrem Stamm zurück,
denn sie mögen teilen und mitteilen,
geben und nehmen, schenken und beschenkt werden.
Sie leben Wärme, Geborgenheit und Intimität.
Getrennt fühlen sie sich nicht verloren wie kleine Kinder
und können gut damit umgehen.
Sie leiden aber an Isolation
und sehnen sich nach ihren Seelenbrüdern und -schwestern.
Die Zeit unserer Begegnung ist gekommen.

(Verfasser unbekannt)

Mir kamen fast die Tränen. Diese Worte stammten von jemandem, mit dem ich „verwandt" war. Offenbar gab es irgendwo da draußen sehr wohl Wesen meiner Art. Menschen, denen genau das wichtig war, was hier beschrieben wurde. Die dem wahrscheinlich – so wie ich – noch nicht hundertprozentig entsprachen, die aber in diese Richtung gehen wollten. Am liebsten hätte ich laut gerufen: „Wo seid ihr? Ich komme!" Seit diesem Zeitpunkt halte ich Augen, Ohren und Herz offen.

Inzwischen weiß ich, dass auch meine lange Einsamkeit ihren Sinn hatte. Ich lernte, nicht zu verbittern und, da mir nichts anderes übrig blieb, mich immer wieder auf meine Kraft zu besinnen. Wenn ich mit meinen Seelenschwestern und -brüdern von Anfang an zusammen gewesen wäre, hätte ich mich auf unsere gemeinsame Stärke verlassen. Aber das war offenbar nicht die Herausforderung, die ich mir damals im Seele-Land gestellt hatte. Wenn du Ähnliches erlebst hast wie ich, dann ist es wahrscheinlich auch deine Aufgabe, die Kraft in dir zu entdecken. Du kannst zwar traurig darüber sein, dass du so allein gehen musst, aber vertrau darauf, dass alles seinen Sinn hat. Denn wenn die Begegnung mit deinen Leuten früher hätte stattfinden sollen, dann „wäre es so gewesen". Du hast natürlich die Möglichkeit, selbst einen Stamm nach deinen Vorstellungen zu gründen.

Finde heraus, was dir wichtig ist, und lebe dann auch danach. Wie von Zauberhand werden dir plötzlich Menschen begegnen, denen du dich nahe fühlst. „Lebe nach dem, was du als wichtig erkannt hast" – denn genau dort liegen meist die großen Blockaden. Wir reden, wir jammern, wir beklagen uns – aber wir ändern nichts. Dadurch bleibt alles, wie es ist. Mach dir in einem ersten Schritt eine Liste mit deinen Werten. Du wünschst dir mehr Verständnis, echte Wärme und Güte? Dann sei verständnisvoll, warmherzig und gütig. Du möchtest von humorvollen Menschen umgeben sein? Dann nimm die Dinge nicht zu ernst und lache mehr. Du findest es faszinierend, dass es Frauen und Männer gibt, die nicht sofort aus dem Gleichgewicht kommen? Dann lerne, Ruhe zu bewahren. Du bewunderst eine Person, weil sie sich freut, lebendig zu sein, obwohl keineswegs alles rund läuft? Nimm dir ein Beispiel daran. Du wollest schon immer einen Sinn erkennen, wissen warum du hier bist? Dann wähle dir einen Sinn. Wie wäre es damit: „Jedem guten Moment großen Wert geben und einem schlechten Augenblick weniger davon"?

Du glaubst, du bist fremd hier, aber das bist du nicht. Es kann natürlich sein, dass du es anders empfindest, weil genau das deine selbstgewählte Lektion ist. Finde wieder zu deiner Stärke, deiner Macht und deinen Gestaltungsmöglichkeiten. Das ist dein natürliches Erbe als Teil der göttlichen Kraft. Möglicherweise kannst du das nur erkennen, weil du dich so isoliert fühlst. Aber nichts geschieht, ohne dass du einmal damit einverstanden warst. Das nimmt dir nicht den Schmerz, aber es hilft dir, eine innere Haltung zu gewinnen, die dich weitergehen lässt.

Wenn du glaubst, dass du ohne Hilfe nicht überlebst

Du weißt nur eines: Alleine schaffst du es nicht. Auf keinen Fall. Also brauchst du Hilfe. Für mich war das ein Lebensthema. Durch die ständige Angst und die vielen körperlichen Beeinträchtigungen war ich immer wieder auf die Unterstützung anderer angewiesen. Das betraf Themen wie Begleitung, Bereitschaft, Anwesenheit, Erreichbarkeit, Händeauflegen bei Schmerzen, Massagen bei Migräne und viele andere Dinge mehr. Und so verfestigte sich die Überzeugung: Dieses Leben ist für mich alleine nicht zu bewältigen. Ich kenne viele Menschen, die auch so empfinden, obwohl sie weder an Panikattacken, noch an Migräne leiden. Wie stehst du zu diesem Gefühl? Schämst du dich dafür? Bist du der Meinung, es sei nun einmal die Aufgabe der „anderen", die Schwachen mitzuziehen? Oder macht dir diese Abhängigkeit noch mehr Angst?

Für die Überzeugung „Alleine bin ich verloren" gibt es Ursachen. Vielleicht hast du schon im Mutterleib traumatische Dinge erlebt, möglicherweise haben später Trennungssituationen, Erlebnisse der Todesnähe oder Gewalterfahrungen dazu geführt, dass du dich einem bedrohlichen Schicksal ausgeliefert gefühlt hast. Werte dich also auf keinen Fall ab, sondern nimm deine Ängste an. Irgendwann warst du in einer Situation, die du alleine nicht bewältigt hast. Vielleicht hat dir damals jemand geholfen. Dann hast du erfahren, dass ein „Entkommen aus einer Notsituation" nur mit Hilfe möglich ist. Obwohl du diese Hilfe heute vielleicht gar nicht mehr benötigen würdest, beginnt das alte Programm abzulaufen. Es ist auch möglich, dass in einem früheren Notfall niemand da war. Du hast geschrien, geweint, gestrampelt. Oder bist vor Entsetzen einfach verstummt. Keiner hat reagiert, keiner hat dich gerettet. Dann hast du in der Folge vielleicht ein „Sterbeerlebnis“ durchgemacht, an das du dich bewusst nicht mehr erinnern kannst. Aber in dir ist gespeichert: „Wenn wieder niemand kommt, muss ich erneut sterben.“ So kann jede Situation, die das einstige Erlebnis auch nur entfernt berührt, wieder dieses extreme Bedürfnis nach Hilfe auslösen. Es kann auch sein, dass dein ganzes Grundgefühl dem Leben gegenüber so geartet ist. Die anderen verstehen das vielleicht nicht, weil deine Reaktion in ihren Augen übertrieben ist. Oder sie werfen dir vor, dass du dich nur in den Mittelpunkt stellen willst, Aufmerksamkeit erzwingen möchtest oder dich verhältst wie ein Baby. Was den letzten Punkt anbelangt, haben sie wahrscheinlich recht. Dein Verhalten ist ein Ausdruck höchster Not, wie du sie als Kind einmal empfunden hast. Ich erfuhr zum Beispiel erst sehr spät, dass meine Eltern mich aus beruflichen Gründen nach der Geburt für zwei Jahre weggegeben hatten. Außerdem war ich als Kind dabei, als meine gesamte Familie bei einem Gasunfall fast gestorben wäre, und eine Frau tatsächlich starb. Wie hilflos hatte ich mich damals wohl gefühlt? Und wie viel von dieser Hilflosigkeit habe ich in mein Erwachsenenleben mitgenommen?

Im Laufe der Beschäftigung mit den sogenannten letzten Fragen erfuhr ich, dass jeder von uns unendlich mächtig ist, Wirklichkeit erschaffen kann und Meister seines Schicksals ist. Und dass es darum geht, sich wieder an diese Tatsache zu erinnern. Nun war ich – fest davon überzeugt, dass das stimmt – in einem Dilemma: Wie vertrug sich diese Erkenntnis mit meiner ständigen Angst, ohne verfügbare Hilfe unterzugehen? Wenn ich so mächtig bin und über Schöpferkraft verfüge, wieso kann ich mir dann nicht alleine helfen? Warum werde ich panisch, wenn ich einer für mich bedrohlichen Situation gegenüberstehe? Dann begann ich ganz behutsam, meinen Zustand zu akzeptieren. Mit steigender Selbstliebe tröstete ich mich durch folgende Worte: „Ich glaube, dass ich unbedingt Hilfe brauche, um zu überleben. Das hat Gründe, und ich bin deswegen nicht weniger wert als andere. Solange ich dieses Gefühl habe, werde ich Hilfe suchen und auch in Anspruch nehmen. Gleichzeitig höre ich in mich hinein und schaue, ob ich eine bestimmte Situation nicht doch auch alleine bewältigen könnte. Bestimmte Erlebnisse haben dafür gesorgt, dass ich mich schwach und ausgeliefert fühle, aber mein wahres Wesen ist schimmerndes Licht und unendliche Kraft. Ich kann mich immer besser daran erinnern. Dadurch werde ich mutiger und bin bereit, das ‚Risiko' einzugehen, auf mich zu vertrauen. Was auch immer passiert: Es kann mir nichts geschehen. Ich bin Teil der göttlichen Kraft, also stark, ewig und unzerstörbar." Um das zu unterstreichen, ging ich bei meinen Hundespaziergängen auch im Takt der Worte: „Ich – rechts – bin – links – stark – rechts." Das hat mir sehr geholfen.

Heute stehe ich dem Thema „Ich brauche Hilfe" entspannter gegenüber. Ich habe sehr viele Dinge alleine bewältigt, bei anderen Gelegenheiten freue ich mich jetzt noch, wenn ein Netz verfügbar ist. Es ist auch vollkommen in Ordnung, Hilfe zu erbitten und anzunehmen. Das gilt vor allem für jene Menschen, die glauben, immer alles alleine bewältigen zu müssen. Ihr Lieben, in Wahrheit sehnt auch ihr euch nach Unterstützung. Ihr habt nur die Erfahrung gemacht, dass sie nicht kommt und daher die Entscheidung getroffen: „Ich brauche niemanden!" Aber gerade diese Aussage heißt in Wahrheit: „Es wäre so schön, wenn ich mich einmal irgendwo anlehnen, wenn mir einmal jemand etwas abnehmen könnte." Stimmt's?

Wichtig ist: Bleib nicht in der Rolle „Ich bin schwach und brauche immer Hilfe" hängen. Stärke dein Selbstvertrauen, indem du in deinem Tempo beginnst, Dinge selbst zu machen, für die du vorher unbedingt Hilfe benötigt hast. Es wird nicht immer klappen, aber das ist in Ordnung! Bleib dran. Mir hilft einer meiner Grundsätze auch heute noch: „Wenn ich wirklich Unterstützung brauche, wird sie da sein. Ist sie nicht da, schaffe ich es alleine."

Zögere niemals, dir Hilfe zu suchen, wenn du glaubst, dass dich das weiterbringt. Bei Schulden, Alkohol- oder Drogenproblemen und anderen Süchten, bei Trennungen, Rechtsangelegenheiten oder wichtigen Entscheidungen wie der Berufswahl können Ärzte, Therapeuten und „diverse Berater" dir genau die Unterstützung geben, die du brauchst. Beginne ganz sanft damit, zu unterscheiden, wann du Hilfe möchtest, wann Hilfe einfach angenehmer wäre und wann du tatsächlich Unterstützung brauchst. Und vertraue darauf, dass alles so geschieht, wie es geschehen soll. Du kannst die Dinge auf einer bewussten Ebene ohnehin nicht kontrollieren. Beim Thema „Hilfe" geht es schließlich immer darum: deine Kontrolle und deine Sicherheit. Und wenn du ehrlich zu dir selbst bist, dann weißt du, dass es beides nicht wirklich gibt.

Im Endeffekt bleibt dir nur das Vertrauen – in das Leben, die göttliche Kraft, das Universum, eine weise Ordnung, die existiert, obwohl du sie nicht erkennen kannst. Und natürlich in dich selbst. Denn du bist Teil dieser göttlichen Kraft. Jede Situation, in der du dich hilflos fühlst, dient deinem Wachstum. Entweder erhältst du Hilfe, vielleicht auf unerwartete Art oder von einer unerwarteten Seite, oder du erkennst, dass du auch „alleine" überleben kannst. Und plötzlich hast du etwas bewältigt, dass du nie für möglich gehalten hättest. Oder die Dinge haben sich so entwickelt, dass Hilfe gar nicht mehr nötig war. Oder sie wäre nötig gewesen, aber die große Katastrophe ist trotzdem nicht eingetreten. Du lebst noch. Oder es war zu guter Letzt gar nicht so schrecklich, wie du befürchtet hast. All das sind wichtige Erfahrungen, die dich auf deinem Weg weiterbringen.

Wünsch dir etwas – aber richtig

„Ich wünsche mir jetzt ganz intensiv etwas, und dann bekomme ich es auch" – ich weiß nicht, wie es dir geht, aber ich hatte mit Sätzen wie diesem immer meine Probleme. Nichts wollte ich mehr, als dass diese schrecklichen Panikattacken und die Schmerzen aufhörten und ich endlich ein normales Leben führen konnte. Also wünschte und visualisierte ich aus vollsten Herzen. Ich fand alle Bücher toll, die sich damit befassten, aber die Lektüre hinterließ ein schales Gefühl. Da konzentrierte sich ein Herbert auf viel Geld und schon schwappte es in sein Leben. Hanne litt am Singledasein, visualisierte den idealen Partner und kurze Zeit später stand er an der nächsten Straßenecke. Karin wünschte sich Gesundheit und schon war sie gesund. Solche Geschichten finden sich in vielen Variationen in jedem Buch, das sich mit dem Gesetz der Anziehung befasst. Ich bin im Grunde fest davon überzeugt, dass dieses Gesetz existiert und dass es auch funktioniert. Bei mir tat es das aber trotz aller Bemühungen nicht. Das ließ also nur folgende Schlüsse zu: Ich war unfähig, ich machte es falsch, Gott liebt mich nicht und das Universum liebt mich auch nicht. Solche Gedanken trugen nicht dazu bei, dass sich an meiner Lage irgendetwas zum Besseren veränderte. Ich bekam nicht nur das nicht, was ich mir so wünschte, sondern trug auch noch die Last des Versagens. Ich weiß, dass es vielen Menschen ähnlich geht. Sie finden die Idee großartig, starten mit dem Wünschen und geben irgendwann entnervt auf. Die Beziehung zwischen mir und dem Anziehungsgesetz war also, vorsichtig formuliert, angespannt. Es existierte, es funktionierte, nur meine Bemühungen wurden einfach ignoriert. Offenbar war es also meine Bestimmung, dass ich in meinem Elend bleiben musste. Ich beschloss, kein einziges Buch, das sich mit diesem Thema auseinandersetzte, mehr zu kaufen. Aber daraus wurde nichts. Denn meine liebe Seele war offenbar der Meinung, dass ich fähig war, das Ganze zu kapieren, wenn man es mir nur ein wenig anders erklären würde. So kam Nina Nell in mein Leben. Sie hatte eine Lebenseinstellung entdeckt, die glücklich macht und nannte sie „Euphoria“. Ihre Erkenntnisse basieren auf drei Regeln, die auf nachvollziehbare Art zeigen, wie das Leben gelingen kann. Ich möchte dir von den Grundgedanken ihres Buches „Euphoria – das Spiel“ erzählen und berichten, wie es mir damit ergangen ist:

Akzeptieren

Ich weiß, dass dieses Wort so überstrapaziert ist, dass du, wenn du es hörst, nur mehr gähnst oder zornig wirst. Ständig verlangen Therapeuten, weise Bücher oder wohlmeinende Menschen von dir, dass du alles akzeptieren sollst – Depressionen, Ängste, Verluste, Partnerlosigkeit, dein Gewicht, Arbeitslosigkeit, Geldknappheit, die Respektlosigkeit der Umwelt, die Grausamkeit der Menschen, das Leben, den Tod und einfach alles. Angeblich kannst du nur dann etwas verändern.

Du hast es so satt. Wie kannst du akzeptieren, was inakzeptabel ist? Du kannst das nicht und ich konnte es auch nicht. Dann wurde mir auf einmal klar, was mit akzeptieren wirklich gemeint ist: Etwas voll und ganz zu akzeptieren, das bedeutet nicht, dass du es gutheißt. Aber du anerkennst damit die Realität und gibst den sinnlosen Kampf dagegen auf. Es klingt paradox, aber es ist wahr: Erst dann kann positive Veränderung geschehen. Wenn du gegen etwas bist, richtest du deine ganze Energie auf das, was du nicht willst. Damit machst du es größer und immer größer. Das Leben reagiert auf einen Kampf nicht mit Rückzug, sondern genau mit dem, womit wir uns so intensiv beschäftigen: mit Kampf! Aber heißt das jetzt, ich soll alles Negative schönreden? Muss ich meine Angst lieben, das Leid auf der Welt toll finden? Muss ich jemanden mögen, den ich einfach nicht leiden kann? Natürlich nicht.

Akzeptieren heißt nicht, sich selbst etwas einzureden, etwas aufzugeben oder zu resignieren. Sondern: Anzuerkennen, dass etwas so ist, wie es ist. Genau das bedeutet der Satz: „Lass die Realität in Ruhe!" Nina Nell sagt, wenn wir das täten, dann würden wir auch alle unsere negativen Gefühle wie Wut, Frustration, Traurigkeit, Hass, Leid, akzeptieren – genauso wie die Gründe für eine Gegebenheit und die Menschen, die daran beteiligt sind. Wir seien nicht gezwungen, diese Personen zu mögen, so Nina Nell, wir sollten nur akzeptieren, dass es sie gibt. Irgendein Umstand habe die Realität zu dem gemacht, was sie ist. Und diesen Umstand müssten wir nicht gut finden! Wichtig sei, dass wir akzeptieren, „dass die Realität nun so ist".

So eigenartig das klingt: Akzeptanz bedeutet Freiheit. Indem du etwas akzeptierst, gibst du den sinnlosen Widerstand auf und kannst damit über die Energie verfügen, die bisher genau dort gebunden war. Also, ich habe das jetzt endlich begriffen. Das heißt nicht, dass ich

Weltmeisterin im Akzeptieren bin. Ich tappe nach wie vor in die Falle und denke mir: „Ich will das nicht!“ Aber ich bleibe nicht mehr so lange drinnen.

Absichtslosigkeit

Ich dachte immer, ich wünsche, „arbeite“ an mir und strenge mich an, damit ich bekomme, was mir fehlt. Ich hatte so viele körperliche und psychische Beschwerden. Also wünschte ich mir, wieder völlig gesund zu werden. Ich hatte Panikattacken, also stand Gelassenheit auf meinem Wunschprogramm. Ich litt an Geldmangel, also visualisierte ich ein Vollbad in 500-Euro-Scheinen. Meine Figur hatte sich deutlich „vergrößert“, also klebte ich Bilder aus meinen schlanken Tagen auf den Kühlschrank. Klar, oder? Aber dann erkannte ich: Das bringt nichts.

Das Universum antwortet immer auf das, was ich aussende. Und wenn ich sehnsuchtsvoll, mit Nachdruck oder auch verzweifelt wünsche, bekomme ich mehr von dem, was ich eigentlich weghaben will. Ich habe Wünsche, weil ich etwas nicht will – Krankheit, Geldsorgen, Übergewicht. Das liebe Universum ist nun so gestrickt, dass es den Mangel und Druck spürt, mit dem wir unsere Änderungswünsche bekannt geben. Diese Änderungswünsche sind ja von unserer Warte aus gesehen völlig verständlich, aber die da oben ticken anders. Sie „missverstehen“ unsere Wünsche. Ihre Denke geht so: „Wenn die da unten sich dermaßen gefühlsintensiv mit etwas auseinandersetzen, dann wollen sie offenbar genau davon mehr.“ Und nachdem sie gutmütig sind, geben sie uns das, von dem sie annehmen, dass wir es wollen: mehr Druck, mehr Übergewicht, mehr finanzielle Probleme, mehr Krankheit. Ich gehe einmal davon aus, dass sich die da oben über unser seltsames Verhalten wundern. Aber so funktioniert das Gesetz der Anziehung wirklich.

Sei grundlos glücklich!

Wenn du mein Buch liest, hast du wahrscheinlich viele Gründe dafür, nicht glücklich zu sein. Du glaubst, dass du nicht glücklich sein kannst, weil du das Glück von deinen Lebensumständen abhängig machst. Bei mir hörte sich das so an: „Ich muss 20 Kilo abnehmen, völlig gesund sein, alle finanziellen Probleme gelöst haben und ... und ... und ... Dann kann ich glücklich sein. Vielleicht. Aber auf keinen Fall vorher." Aber ist das auch wahr? Braucht man wirklich einen Grund, um glücklich zu sein? Kann man erst glücklich sein, wenn „gesund, reich und schlank" wahr geworden sind? Oder man in einer Beziehung lebt?

Auch wenn es dir unvorstellbar erscheint – Glück ist eine Entscheidung! Du kannst dich dafür entscheiden, jetzt, in diesem Augenblick Glück zu empfinden, sogar wenn du in Turbulenzen bist. Nur du bestimmst das. Versuch es einfach einmal. Erinnere dich an etwas Wundervolles oder male dir etwas aus, wenn du meinst, es gab bisher nichts in deinem Leben, was Glück rechtfertigt.

Ich dachte lange: „Was soll dieser Unsinn?" Ich war unglücklich, krank und fühlte mich vollkommen hoffnungslos. Kein künstlich erzeugtes Glücksgefühl würde daran etwas ändern. Geht es dir ähnlich? Wie sollst du dich glücklich fühlen, wenn du arm bist? Oder krank? Wie kannst du glücklich sein, wenn du keinen Job hast, deine Beziehungen noch nie funktioniert haben oder wenn du dich vor der Zukunft fürchtest? Wie sollst du es schaffen, über all diese belastenden Umstände hinwegzusehen? Ganz einfach: Das musst du gar nicht! Alles, was du machen musst, ist, die Dinge so zu akzeptieren, wie sie im Moment sind. Du brauchst darüber absolut nicht erfreut zu sein. Aber lass alles so sein, wie es im Augenblick nun einmal ist. Und dann wende den Umständen den Rücken zu und lasse Glücksgefühle in dir entstehen – vollkommen unabhängig davon, in welcher Lage du dich gerade befindest. Damit hast du Folgendes getan: Du hast deine Aufmerksamkeit vom „Problem" abgezogen – ohne es zu leugnen oder zu bekämpfen! Und weil Energie der Aufmerksamkeit folgt, wird sie nun zu deinen Glücksgefühlen fließen. Dabei hast du nichts anderes getan als „gespielt" – nicht, um eine Veränderung zu erreichen, sondern weil es sich im Moment gut angefühlt hat. Du spielst mit den Möglichkeiten, die dir deine Gedanken und Gefühle bieten. Einfach nur so.

In meinem Fall bedeutete das Folgendes: Ich sah mich mit einem völlig flachen, durchtrainierten Bauch in großen Sprüngen über eine blühende Wiese springen. Ich war im wahrsten Sinne des Wortes „leicht", hatte keinerlei Rückenschmerzen und genoss jeden einzelnen Sprung. Merke: Ich habe zu viele Kilos und sieben Bandscheibenvorfälle. Schmerzfreies Springen gab es schon ewig nicht mehr in meinem Leben. Aber mein „inneres Gehopse" fühlte sich so gut an, nur deswegen tat ich es. Und nicht mit dem unmittelbaren Ziel: kein Bauch, kein Bandscheibenleiden. Ich blieb bei dem Bild, solange es passte und kehrte dann in die Realität zurück. Ein anderes Mal sah ich mich an einem wundervollen Strand. Ein sehr großer, attraktiver Mann kam auf mich zu und nahm mich in seine Arme. Er trug mich zu einer Art Bett aus Palmblättern, die sich weich und kuschelig anfühlten. Er legte mich liebevoll darauf, gemeinsam blickten wir auf das Meer. Dieser Mann war eine spirituelle Figur und äußerst anziehend. Ich lag in seinen Armen und fühlte mich geborgen, beschützt und vollkommen sicher. Nichts konnte mir geschehen. Ich roch den wundervollen Duft eines seltsamen Parfüms und spürte die Härte seiner Muskeln. Ich fühle, dass ich in seiner Nähe Heilung erfuhr und war unglaublich glücklich.

Ein anderes Mal stellte ich mir vor, wie ich durch die Lüfte flog. Ein Hauch streichelte mich und ich bewegte mich frei und leicht. Voller Übermut machte ich Saltos, wurde schneller oder langsamer. Ich glitt über Wiesen, Meere und Städte. Es war unbeschreiblich schön. Ich blieb bei meinen inneren Bildern, solange es ohne Druck möglich war. Dann kehrte ich langsam in die Wirklichkeit zurück. Nach relativ kurzer Zeit passierte es immer öfter, dass ich mich plötzlich „grundlos" glücklich fühlte. Was war da bloß geschehen? Der magische Satz hieß: „Es ist nur ein Spiel!" Ich arbeitete nicht an mir, ich strengte mich nicht an. Und ich musste keine Affirmationen aufsagen, die sich für mich nicht stimmig anfühlten. Wenn du die Sache so angehst, hast du keinen Druck. Du musst nichts erreichen, du musst nicht erfolgreich sein, du kannst nicht versagen, und du musst nichts ändern. Aber, indem du „nur“ spielst, können sich Veränderungen wie von selbst vollziehen. Denn das Universum nimmt nun deinen Glückszustand wahr und denkt sich: „Okay, davon soll es also mehr sein. Na gut – wird erledigt.“

Das ist eine wichtige Erkenntnis: Wenn du spielst, trickst du auch deinen Verstand und die alten Muster aus, die dir vermitteln wollen, dass „du es nicht wert bist“, dass „du das ohnedies nie erreichen wirst“, dass „eh alles keinen Sinn hat“. Tu es einfach!

Du hast keine Kontrolle – stimmt das?

Wie überlebe ich in einer Welt, in der jede Sekunde etwas geschehen kann, das mir oder anderen Schmerz verursacht? Oder besser: Wie kann ich unter solchen Umständen nicht nur überleben, sondern auch genießen, fröhlich sein, Freude empfinden? Wie kann ich im Hier und Jetzt entspannen, wenn ich keine Ahnung habe, was der nächste Augenblick bringen wird? Eines Morgens wachte ich auf, und – wie immer in den Wochen davor – waren diese Gedanken die ersten, die mich ansprangen. Mir schossen die Tränen in die Augen. „Warum verschwende ich meine Zeit mit ständigem Leid? Warum mache ich aus meinem Leben nicht etwas, das den Titel ‚Im Großen gelungen‘ trägt? Wieso kann ich nichts kontrollieren?“ Voller Entsetzen dachte ich daran, welche Horrormeldungen mich aus der Welt da draußen erwarteten und wie ich wohl durch den Tag kommen würde. Und plötzlich blitzte eine Erkenntnis in mir auf – sie schaffte es seltsamerweise durch all die Beklemmungen hindurch. Es fühlte sich zunächst an wie ein Blitz und breitete sich dann wie warmes, helles Licht im ganzen Körper aus: „Ich kontrolliere ohnedies alles! Das, was ich wirklich bin, sitzt am Steuer und navigiert mich genau in die Lebensumstände hinein, die mich zu meinem nächsten Schritt zwingen.“ Nichts geschah mir also völlig unkontrolliert, nein, mein „Seelen-Ich“

produzierte genau die Herausforderungen, die ich brauchte, um mich wieder zu erinnern, was wirklich Sache war. „Ich“ bin nicht die Sabine, die das Leben nicht schafft, die sich von Ängsten gepeinigt durch die Stunden schleppt. Ich bin die wunderhübsche, ewig junge Seele, die beschlossen hat, diese Sabine zu spielen. Ich habe die Rolle angenommen, weil ich offenbar wollte, dass sich genau durch diese Erfahrungen die Nebel lichten, die mich daran hindern zu sehen. Ich habe den Weg gewählt, weil mich nur die Gefühle des Nicht-kontrollieren-Könnens, der ewigen Angst, der vielen körperlichen Beschwerden, der Verzweiflung, der Depression dazu bringen, endlich wieder ein bisschen „aufzuwachen“.

Auch du hast dir deine eigenen Aufwachhilfen gewählt. Wenn du diese als solche erkennen kannst, dann bist du auf dem besten Weg.

Das Thema „Ich bringe mich um"

Hast du schon daran gedacht, hier Schluss zu machen? Hast du es vielleicht schon versucht? Ich verstehe dich, ich verstehe dich wirklich. Natürlich hatte auch ich solche Gedanken – ausgelöst durch jahrzehntelange ständige Schmerzen, Ängste, die ein normales Leben nicht zuließen, Panikzustände, die einem Todeserlebnis glichen. Und zu all dem kamen auch immer wieder heftige finanzielle Probleme. Außerdem steigerten sich meine Hilflosigkeit und Hoffnungslosigkeit durch die Erfahrung, dass niemand mir helfen konnte. Ärzte waren überfordert, verschiedene Therapeuten und Heiler ebenso. Ich fühlte mich völlig alleine in einer Welt, die für jemanden wie mich offenbar keinen Platz hatte. Es war also nur natürlich, dass ich gehen wollte. Ich dachte daran, und ich überlegte, wie ich es konkret angehen könnte. Und dann tat ich es nicht.

Ich bin sicher, dass du ein Buch wie dieses nicht lesen würdest, wenn sich das Thema „Ich möchte mich umbringen“ nie für dich gestellt hätte. Die unendliche Verzweiflung, die solchen Gedanken vorausgeht, kann nur jemand verstehen, der selbst in dieser Lage war. Auch wenn du in eine Familie oder in einen Freundeskreis eingebettet bist, so hat doch kein anderer deine Ängste oder Depressionen, deine Vergangenheit, deine Erkrankung, dein Schicksal.

Niemand kann dir abnehmen, was du durchmachst. Und keiner kann deine furchtbaren Gedanken zum Thema Selbstmord teilen. Kommentare von anderen helfen dir nicht, sondern machen alles noch schlimmer. Du kannst nicht „positiv denken", bist nicht in der Lage, dich „abzulenken" oder einen „netten Spaziergang" zu machen. Denn auch die Schönheiten der Natur kannst du jetzt nicht sehen. Das Gras ist grün, und die Blumen duften. Der Sternenhimmel mag leuchten oder der Schnee glitzern. Aber all das dringt nicht durch die Schwärze, in der du lebst.

Bitte glaub mir als Betroffene und als Fachfrau: Es gibt immer einen Weg! Du siehst ihn im Moment nicht. Du glaubst nicht daran, dass er existiert. Aber er ist da! Wenn nichts anderes geht – öffne dich dafür, dass Erkenntnisse, Hilfe, Einsichten, Lösungen bereits auf dem Weg zu dir sind. Halte immer für möglich, dass sich genau das gerade vorbereitet. Es ist in meinem Leben geschehen und in dem vieler Menschen, die zu mir gekommen sind.

Wenn du Selbstmordgedanken hast, erlaube ihnen, da zu sein. Gib jedem einzelnen Gefühl eine Stimme. Im Idealfall sprichst du all das in Gegenwart eines verständnisvollen Menschen aus. Das kann ruhig auch ein Profi sein. Es ist nur wichtig, dass diese Person nicht sofort in Panik verfällt, sondern dir aufmerksam zuhört. Und dass sie keine Sätze wie „Du wirst doch nicht so blöd sein" oder „Das Leben ist eh so schön" von sich gibt. Ich weiß es, und du weißt es auch: Jeder Mensch, der gehen möchte, wird einen Weg finden, das zu tun. Aber meist will ein Mensch gar nicht gehen, er will nur nicht auf diese Art weiterleben. Ruf dir bitte in Erinnerung: Du verfügst mit deinem Denken und Fühlen über wichtiges Werkzeug, das du für dich einsetzen kannst. Sehr wahrscheinlich spürst du nicht die geringste Kraft, dieses Werkzeug zu nützen. Gut, dann warte. Vielleicht geht es darum, noch wichtige Dinge aus deiner Situation zu lernen. Überleg alleine oder mit Unterstützung, was das sein könnte. Und glaub mir – da gibt es genug! Jedes Leid spricht und will gehört werden. Jedes! Es ist also nur zu deinem Vorteil, wenn du zuhörst. Natürlich ist es auch wichtig, die richtigen Schlüsse zu ziehen. Das Beharren darauf, dass jemand „schuld“ an deiner Lage ist, bringt dich nicht einen Schritt weiter.

Jahrelang beschuldigte ich meine Eltern dafür, dass ich nie Urvertrauen in das Leben entwickeln konnte. Nur: Die beiden verfügten ja selbst nicht über dieses Vertrauen, sie konnten mir keine psychische Unterstützung geben. Auch mit größter Anstrengung wären sie nicht in der Lage gewesen, zu erkennen, was ich brauchte. Aber löst sich mein Leid auf, wenn ich anderen die Schuld daran gebe?

Ich bin ziemlich sicher, dass auch du nicht die Zuwendung bekommen hast, die für dich wichtig gewesen wäre. Vielleicht wurdest du sogar misshandelt. Sehr wahrscheinlich hast du diese Misshandlungen dann wieder und wieder erlebt. Wir alle wiederholen alte Muster so lange, bis wir erkennen, was wir uns damit antun. Wir lassen nicht nur zu, dass andere uns immer wieder wehtun, sondern sind auch Meister darin, uns selbst Schmerz zuzufügen.

Es kann durchaus sein, dass du in deiner Ich-kann-nicht-mehr-Situation bist, weil nichts anderes dich dazu bringt, das zu erkennen. Tu also alles, was im Moment nötig ist: Ruh dich aus, ergreife entsprechende Maßnahmen, soweit das möglich ist, überlege, wer dir helfen könnte, führe gute Gespräche, nimm – wenn es nicht anders geht – auch Medikamente. Schau, so gut es dir möglich ist (!), auf dich. Iss gesund, bewege dich, pflege dich, verwöhne dich. Aber bring dich nicht um!

Das Leben hat dich in diese Lage gebracht, damit du Korrekturen vornimmst. Meist betrifft das deinen Umgang mit dir selbst. Du bist nicht gut zu dir, du liebst dich nicht, gut möglich dass du dich – so wie ich mich lange Zeit – sogar hasst. Das ist nicht so gedacht, liebe Schwester, lieber Bruder. Es geht um nichts weniger als darum, endlich zu erkennen, wer du wirklich bist. Du bist Seele, unsterblich, heil, ewig, Teil Gottes. Im Moment spielst du hier das „Menschenspiel“. Wenn dir die Rolle der ewig leidenden Person zum Hals heraushängt, kannst du eine andere annehmen. Wahrscheinlich nicht mit einem

Fingerschnipp, aber es ist möglich! Nutze auf dieser Reise alle deine Werkzeuge: deine Gedanken und Gefühle, die Fähigkeit dich zu erinnern, wer du wirklich bist, die Entscheidung, im Hier und Jetzt zu leben und die Möglichkeit, anders mit Sorge, Angst und Negativität umzugehen. Du kannst inspirierende Information sammeln, die deinem Herzen signalisieren: „So ist es!“, du kannst mit Menschen sprechen, die in diesen Dingen schon einen Schritt „weiter“ gegangen sind, und du kannst immer wieder üben, „grundlos glücklich“ zu sein.

Bitte denke nicht, dass ich dein Schicksal bagatellisieren möchte. Was immer dich so hoffnungslos macht – es ist fast unerträglich. Aber sieh es als Herausforderung, mit deinem Leid umzugehen oder es zu bewältigen. Könnte das nicht auch ein wenig spannend sein? Nur ein kleines bisschen? Wer weiß, auf welchen Weg du dabei geführt wirst? Oder wer dir dabei begegnet? Es kann dir nichts geschehen. Du kannst nicht tiefer fallen als in Gottes Hand. Und darin ruhst du schon immer – gerade jetzt und bis in alle Ewigkeit. Das ist doch ein Netz, das sich sehen lassen kann. Auch wenn du denkst, dein Leid wird niemals enden – das wird es doch! Du hast dich selbst, eine größere Ordnung (sie ist da – vertrau darauf!) und auch Menschen, die dir zum rechten Zeitpunkt ein Stück weiterhelfen. Ganz pragmatisch oder mit neuen Erkenntnissen.

Ich glaube nicht daran, dass jemand, der sich umbringt, „bestraft“ wird. Wir alle haben die große Freiheit, „das“ zu tun. Aber warum sollten wir? Das Leben ist ein Spiel, das wir selbst spielen wollten. Und danach gehen wir ohnedies alle wieder nach Hause. Also bleib doch noch.

Beende den Kampf

Wenn du leidest, kämpfst du wahrscheinlich auch – gegen Depressionen, Ängste, deine Eltern, gegen eine Krankheit. Du kämpfst dagegen, dass ein Mensch dich verlässt oder dafür, dass er zurückkommt, du kämpfst gegen dein Gewicht oder gegen das Schicksal. Aber am meisten kämpfst du gegen dich selbst – weil du bist, wie du bist, weil du das Leben nicht schaffst, weil du dich nicht imstande fühlst, deine Probleme zu lösen. Du bist gegen dein Aussehen, gegen deine Einsamkeit, gegen dein ganzes Unglück. Aber ganz ehrlich: Hat dich dieser Kampf nur einen Schritt weitergebracht? Konntest du erreichen, was du dir so sehnlich wünschst?

Irgendwie hat es mir nie gefallen, wenn ich hörte, „sie kämpft gegen ihren Krebs" oder „er hat den Kampf gegen die Krankheit verloren". Auch das Sprichwort „Wer kämpft, kann gewinnen, wer nicht kämpft, hat schon verloren" hat immer einen seltsamen Widerstand in mir ausgelöst. Und besonders absurd finde ich die Aussage: „Ich kämpfe für den Frieden." Bitte versteh mich richtig: Natürlich kannst du Maßnahmen ergreifen, dich engagieren und Stellung beziehen. Aber musst du deswegen kämpfen? Ich kämpfte jahrelang. Eine tiefe Erschöpfung und Verzweiflung, das Gefühl vollkommener Sinnlosigkeit und eine unendliche Hoffnungslosigkeit waren das Ergebnis dieses Kampfes.

Was bedeutet „kämpfen" eigentlich? Etwas darf nicht so sein, wie es ist, und so muss ich mit aller Kraft dagegen angehen. Ich kämpfe für etwas, ich kämpfe gegen etwas – ich kämpfe und kämpfe und kämpfe. Spürst du, dass da irgendetwas nicht stimmt? Wichtig ist: Wenn du etwas in deinem Leben ändern willst, lass den Kampf los! Der Gedanke an Sieg und Niederlage erzeugt nur Krieg – in deinem Herzen und in deinem Körper.

Ich weiß, dass sich Leid wie Krieg anfühlen kann. Etwas oder jemand hat dich scheinbar besiegt – eine Krankheit, Ängste, ein anderer Mensch, das Leben selbst. Du hast „verloren". Das heißt, du warst nicht stark genug, nicht attraktiv genug, nicht klug genug. Du hast im weitesten Sinne versagt. Und nun raffst du deine letzten Kräfte zusammen, um doch noch zu „kämpfen". Gib es auf. Nicht in Verbitterung und Resignation, sondern weil du erkennst, dass dich Kampf nirgendwohin führt. Stell dir aber durchaus einige Fragen zu deiner Verfassung:

- Was genau macht mir zu schaffen?
- Verdränge ich meine Gefühle, vor allem Wut? Wichtig ist: Hinter Depression, Verzweiflung, und Angst steht immer auch Zorn,

der nicht sein darf und sich durch körperliche oder psychische Beschwerden andere Ausdrucksmöglichkeiten sucht.

- Welche Einstellungen kommen mir immer wieder in die Quere? Sage ich mir Dinge wie: „Das wird sich ohnedies nie ändern", „Das war schon immer so", „Ich habe keine Chance"? Wenn du dir darüber klar bist, ziehst du die Aufmerksamkeit wieder vom „Unerwünschten" ab und wendest dich dem Leben zu, das du gerne hättest. Sanft, undramatisch und so gut es dir eben möglich ist. Und ohne Kampf! Finde auch heraus, was sich ändern lässt und was nicht. Du musst nicht begeistert davon sein, dass Pferde wiehern und Hühner gackern. Aber kämst du auf die Idee, dafür zu kämpfen, dass es umgekehrt sein soll? Du wirst dich damit abfinden und aussöhnen.

Du bist in der Lage, dein Leben zu ändern. Doch geh das Projekt „Veränderung" mit Ruhe, Entspanntheit, Humor und Vertrauen an. Um Liebe kannst du nicht kämpfen, weil sie nur als Geschenk wertvoll ist. Gesundheit kannst du dir nicht erkämpfen, du kannst sie nur leichter möglich machen. Auch das Abnehmen gelingt leichter, wenn du jeden Kampf darum aufgibst und einfach loslässt. Und Glück lässt sich schon gar nicht mit verbissenem Kampf erreichen. Kampf bindet, loslassen macht frei! Entwickle also Begeisterung und Freude für deinen neuen Weg. Diese innere Haltung hilft wirklich!

So gewinnst du dein Kind zurück

Ich sage dir jetzt etwas, das dir wahrscheinlich nicht gefallen wird. Bitte lies trotzdem weiter, auch wenn du das Gefühl hast, du musst dieses Buch gleich gegen die Wand werfen. Ich konnte als Psychologin in vielen Fällen Ursachen finden, die erklären, warum ein Kind „die Distanz gewählt hat". Manchmal konnte ich diese Ursachen im Gespräch mit den Eltern herausfinden, manchmal hatte ich die Möglichkeit, mit der Tochter oder dem Sohn selbst zu sprechen. Sieh dir diese Gründe an und spüre dann tief in dich hinein, ob einer davon auch auf deine Situation zutreffen könnte.

- Die Mutter oder der Vater waren sehr streng. Es gab strikte Regeln, die niemals gebrochen werden durften. Dabei ging es um das Prinzip und nicht um die Bedürfnisse des Kindes.
- Die Eltern „hielten immer zu anderen" und waren nicht loyal zu ihrem Kind. So beschimpfte eine Mutter ihre Tochter auf das Heftigste, als sich diese von ihrem prügelnden Mann trennte, und meinte abschwächend: „Das ist doch wohl nicht so schlimm – er ist ein guter Mann. Wer weiß, wie sehr du ihn gereizt hast."
- Für das Kind gab es keine Liebe. Es gab zu essen und zu trinken, aber niemals eine Umarmung, tröstenden Zuspruch oder Unterstützung.
- Die Mutter ließ immer wieder zu, dass der Vater die Kinder misshandelte und schritt nicht ein. Natürlich gilt das auch umgekehrt.
- Es gab sexuellen Missbrauch in der Familie und dem Kind wurde nicht geglaubt. Unter Umständen wurde es sogar bestraft, weil es solchen „Unsinn" redete. Ich hatte auch immer wieder Klientinnen, denen unterstellt wurde, dass sie es „ja darauf angelegt hätten" oder es ihnen ohnedies gefallen hätte.
- Das Motto in der Familie hieß „Nur Leistung zählt". Zeit zum Spielen gab es kaum, denn es konnte nie genug „getan" werden. Ich hatte zum Beispiel eine Schulkollegin, die jeden Nachmittag und auch am Wochenende lernen musste. Selbst in den Ferien saß sie über ihren Aufgaben.
- Der Vater oder die Mutter hatte einen neuen Partner, und plötzlich zählte das Kind nicht mehr. Es wurde vernachlässigt und ignoriert.
- Die Bedürfnisse der Eltern kamen immer zuerst.
- Das Kind wurde als Partnerersatz missbraucht.
- Eltern versuchen auch heute noch, über das Leben des Kindes zu bestimmen. Es hagelt massive Kritik, wenn die Tochter oder der Sohn einen eigenen Weg gehen will.

Nicht jedes Kind, das solche Verletzungen erlitten hat oder erleidet, bricht den Kontakt ab. Aber manche tun es eben doch. Falls du dich als Mutter oder Vater in den oben geschilderten Szenarien wiederfindest, kannst du verstehen, dass manche Wunden dazu führen können? In vielen Fällen sehen Eltern nämlich nicht ein, wie sehr ihr Verhalten das Leben des Kindes negativ beeinflusst hat. Und dann kommen Aussagen wie „Lass doch die alten Geschichten endlich ruhen“, „Was du dir einbildest, das stimmt doch alles gar nicht“, „Also ich habe dich immer geliebt, aber du warst eben ein sehr schwieriges Kind“, „Bei uns zu Hause war das genauso, und mir hat das auch nicht geschadet“, „Ich wollte doch nur, dass etwas aus dir wird.“

Ich kenne ein Zaubermittel, das das Herz deines Kindes wie ein geheimer Schlüssel vielleicht doch noch erreicht. Dieses Mittel heißt: echtes(!) Verständnis für den Schmerz, den du deinem Kind zugefügt hast, und für den Schaden, der dadurch entstanden ist. Erst wenn du dieses Verständnis aufbringen kannst, entschuldige dich für das, was geschehen ist! Diese Entschuldigung hat nur dann einen Wert, wenn sie aus tiefstem Herzen kommt. Was auch immer die Gründe für dein Verhalten damals waren – Ehrgeiz, Kälte, Überforderung, Schwäche, Eifersucht, Desinteresse, mangelnde Einsicht über die wahren Bedürfnisse von Kindern, Ablehnung (!) – du stehst nun vor den Ergebnissen. Wenn der verlorene Kontakt zu deinem Kind dazu geführt hat, dass du nicht mehr kannst und nicht mehr willst, dann denke bitte einmal über all das nach.

Wenn du chronisch krank bist

Ich weiß, dass das Leben mit einer chronischen Beeinträchtigung eine enorme Herausforderung darstellt. Als Psychologin habe ich Krebspatienten, Rheuma- und Herzkranke, Menschen mit entstellenden Hauterkrankungen, mit Depressionen, Angstattacken und vielen anderen Beschwerden betreut. Als Betroffene weiß ich um den oft täglichen Kampf, den eine Krankheit mit sich bringen kann. Meine vielen Beschwerden brachten mich durch ihre lange Dauer immer wieder so weit, dass ich die Hoffnung auf Besserung verlor und dachte: „Ich kann nicht mehr, und ich will auch nicht mehr". Aber ich befand mich nun einmal in dieser Situation, deshalb gab es eigentlich keine Möglichkeit, vor ihr davonzulaufen. Ich kann also nachfühlen, wie schwer sie für dich ist: Therapien mit etwaigen Nebenwirkungen, Medikamenteneinnahme, häufige Arztbesuche, die Sorge vor der nächsten Kontrolluntersuchung, eine Außenseiterposition, die Unfähigkeit, voll am Leben teilzunehmen, und über all dem immer wieder die Verzweiflung. Niemand, der nicht auch betroffen ist, kann ermessen, was du durchmachst. Daneben versuchst du wahrscheinlich, so gut es eben geht, zu „funktionieren". Vielleicht gehst du einem Beruf nach, kümmerst dich um deine Familie und trotzt dem Leben so etwas wie „Normalität" ab. Aber du fühlst dich oft schlecht.

Ich habe mich immer vor der Frage „Wie geht es dir?" gefürchtet. Ich fühlte mich grauenhaft, aber weder wollte der Fragesteller das immer wieder hören, noch hatte ich Lust, es immer wieder zu sagen. Aber sollte ich lügen? Also antwortete ich häufig: „Danke der Nachfrage, es geht so." Um dann sofort nachzusetzen: „Und wie geht es dir?" Nachdem die meisten Leute gerne über sich selbst sprechen, war damit mein Thema vom Tisch.

Achte darauf, ob dir Gespräche Erleichterung bringen oder ob eher das Gegenteil der Fall ist. Natürlich ist auch wichtig, mit wem du sprichst. Die besten Gesprächspartner sind Menschen, die dein Leid in vollem Umfang anerkennen, aber gleichzeitig Ruhe und Zuversicht vermitteln. Sie helfen dir, Unabänderliches zu akzeptieren, machen aber auch Mut, neue Wege zu versuchen. Ein echter Schatz ist jemand, der zuhört, ohne das Drama zu verstärken, und dir eine Perspektive zeigt, die du im Moment nicht sehen kannst. Diese Person kann ein nahestehender Mensch, aber auch ein verständnisvoller Therapeut sein. Familie, Freunde und Bekannte sind bei einer lange andauernden Krankheit manchmal überfordert. Schließlich sind sie ja auch betroffen und das weckt manchmal eigene Ängste. Vielleicht sagen sie das nicht, aber oft meiden sie irgendwann den Kontakt, sind unfreundlich oder ziehen sich vollkommen zurück. Ich habe das erlebt und es hat mich sehr getroffen. Such dir also nicht nur ein tragfähiges Netzwerk im rein medizinischen Bereich, sondern auch ein Netzwerk für deine Seele.

Wenn du mit einer Krankheit oder Behinderung lebst, ist es enorm wichtig, dass du deine Einstellungen überprüfst. Die innere Haltung, mit der du an die „Sache“ herangehst, bestimmt in großem Maße deine Lebensqualität. Setz dich bitte mit folgenden Themen auseinander:

- Gibt es einen Krankheitsgewinn? Das heißt: Was musst du nicht mehr machen, weil du krank bist? Und welche Dinge kannst du nun tun, eben weil du krank bist? Hast du vielleicht endlich mehr Zeit? Konntest du irgendeinem Druck (durch deine Arbeit, deine Familie) entkommen? Ist es dir nun möglich, in deinem eigenen Rhythmus zu leben? Musst du keine Verantwortung mehr tragen? Kümmern sich die Menschen intensiver um dich? Nehmen sie mehr Rücksicht? Erwarten sie nun nichts mehr von dir? Solltest du darauf Antworten finden, dann frage dich gleich weiter: Kann ich das gleiche Ergebnis erreichen, ohne krank zu sein? Gibt es eine gesunde Art und Weise, das Leben zu führen, das ich führen möchte?
- Akzeptiere deine Erkrankung, aber halte auch für möglich, dass du gesund wirst. Ich habe für mein Buch „Wie Heilung geschieht“ (Droemer, 2010) mit vielen Menschen gesprochen, die entgegen alle medizinische Erfahrung gesund wurden. Auch die Berichte von Patienten, die der Geistheiler Gabriel Nader behandelt hat, sind äußerst beeindruckend (siehe Seite 126).
- Mach eine Liste deiner grundlegenden Überzeugungen. Was denkst du über dich, deine Erkrankung, das Leben und den Tod? Fühlst du dich als Opfer und vollkommen ausgeliefert? Ob es dir bewusst ist oder nicht: Du erteilst dir selbst eine Lektion – immer! Höre also ganz genau hin und versuche zu verstehen, was deine Seele dir sagen will. Was sollst du endlich begreifen? Was sollst du tun, womit sollst du aufhören? Geht es darum, dich wieder zu

erinnern, wer du wirklich bist – ein spirituelles Wesen, das hier eine körperliche Erfahrung macht? Sollst du dir endlich erlauben, glücklich zu sein? Es muss nicht (!) gelitten werden! Könnte es darum gehen, einen – berechtigten – Groll aus der Vergangenheit loszulassen? Dein Herz wieder zu öffnen, das sich einmal aus gutem Grund verschließen musste? Will deine Seele dir über den Körper mitteilen, dass es besser für dich ist, eine Beziehung zu beenden oder eine belastende Tätigkeit aufzugeben? Oder erinnert sie dich an die „wichtigen drei: Akzeptanz, Loslassen und Vertrauen"?

- Tu das, was dir trotz allem möglich ist. Meine Freundin Claudia hat trotz ihrer schweren Krebserkrankung keinen Spaß versäumt. Sie besuchte Veranstaltungen, traf Bekannte oder machte Seminare. Manchmal ging das nicht, dann ruhte sie sich aus, malte oder schlief. Natürlich hatte auch sie Phasen tiefer Verzweiflung und Wut. Dann haderte sie mit dem Schicksal, ihrer Seele und mit Gott. Aber das dauerte nie lange. Knapp vor ihrem Tod besuchten wir noch gemeinsam einen Kurs über Tierkommunikation. Sie weigerte sich einfach, das Leben einer Todkranken zu führen. Für mich und für alle, deren Leben sie bereicherte, wird sie immer ein leuchtendes Beispiel bleiben.
- Bestehe innerlich nicht auf dem „Recht auf Zuwendung". Ich war krank, ich fühlte mich auf tausend Arten behindert. Warum kümmerten sich die anderen nicht mehr um mich? Es war, als würde ich aus der Tatsache, dass ich nicht gesund war, den Anspruch ableiten, meine Umwelt müsse mich irgendwie „mittragen". Die anderen waren gesund, ich nicht. In meinem Denken und Fühlen waren sie also „verpflichtet", etwas für mich zu tun. Andererseits war auch der Gedanke, eine Belastung darzustellen, unerträglich für mich. Und so hatte ich auch den Anspruch, dass meine Bezugspersonen das, was sie für mich taten, gerne tun sollten – was natürlich eine echte Überforderung darstellte.
- Freue dich über Unterstützung und Begleitung. Nimm jede Hilfe in Anspruch. Im Endeffekt ist es aber deine Aufgabe, eine Haltung zu finden. Ich weiß, wie trostlos das klingen mag. Denn je

mehr Zeit verrinnt, in der dir nicht wirklich geholfen wird, desto hilfloser und ausgelieferter fühlst du dich. Und du wünschst dir nur eines: Jemand oder etwas soll dich retten und aus dem Elend herausholen. Doch niemand kann dir abnehmen, eine neue Einstellung zu finden. Als ich das endlich erkannte, fühlte ich neben der Verzweiflung fast eine Art Erleichterung. Es lag also an mir und nur an mir. Diese Erkenntnis hat bei mir zu folgender Haltung geführt: „Ich weiß nicht, ob ich jemals ganz gesund werde. Aber ich halte Augen, Ohren und Herz offen, um Möglichkeiten für meine Heilung wahrzunehmen: neue Methoden, eigene Erkenntnisse, die Einsicht meiner Seele, die findet, es wäre nun genug, die Vollendung einer Lebensaufgabe und damit eine andere Orientierung, das Ende eines karmischen Ausgleiches, den ich mir selbst gewählt habe, die völlige Überzeugung, dass nun ausgelitten wäre und ich es verdiente, vollkommen gesund zu sein. Ich weiß, dass ich eine Rolle in einem Theaterstück spiele, das ich selbst geschrieben habe. Ich habe zwar die Freiheit, die Rolle zu wechseln, aber vielleicht hat ja meine liebe Seele etwas anderes für mich vorgesehen. Und vielleicht will sie, dass ich noch eine Weile in der Dunkelheit spiele. Wenn es irgendwie möglich ist, wende ich mich der Freude zu. Ich schätze alles, was ich trotz meiner Beeinträchtigungen tun kann. Ich übe mich darin, im Jetzt zu leben und damit jeden guten Augenblick noch mehr zu schätzen. Ich sage mir immer wieder: „Selbst wenn ich jetzt sterben sollte, ist das möglicherweise das Beste, was mir passieren kann."

Ich lese immer wieder einen Text von Anita Moorjani, die nach ihrer unglaublichen Heilung von Krebs im letzten Stadium das tolle Buch „Heilung im Licht" geschrieben hat. Sie fiel ins Koma, wog nur mehr 25 Kilo, ihr Körper war von Tumoren zerfressen. In dieser Phase hatte sie eine Nahtoderfahrung, in der ihr vermittelt wurde, dass es an ihr liege, zu entscheiden, ob sie nun sterben oder weiterleben wolle. Sie könne binnen kürzester Zeit vollkommen gesund sein. Die Erkenntnis, die sie von der Schwelle des Todes mitbrachte, heißt: Jeder von uns ist unendlich mächtig –

auf der Seelenebene bestimmen wir alles, Selbstliebe ist dabei aber das Wichtigste. Und jeder von uns überlebt den Tod und bleibt sich seiner selbst bewusst. Auf die Frage „Was soll ich tun, wenn ich krank bin?“, antwortet sie: „Liebe dich selbst bedingungslos! Unabhängig davon, welche Krankheit du hast, welche Behandlungsmöglichkeiten du wählst – betrachte dich selbst immer von einem Ort der Liebe aus, nicht von einem Ort der Angst. Sieh dich vor deinem inneren Auge ganz und gesund. Reagiere nicht nur auf deine Angst, sondern entscheide dich, das zu tun, was dir Freude bringt. Mach alles, was dich deiner Gesundheit näher bringt, und vermeide Handlungen aus Angst, damit du deiner Krankheit entkommst.“

- Mach die Krankheit nicht zum zentralen Thema deines Lebens. Ich weiß, wie zynisch das klingen kann, wenn dich Schmerzen und Leidenszustände begleiten. Aber nutze jeden Augenblick, in dem es dir besser geht, um zu leben – was auch immer das für dich bedeuten mag. Sage dir: „Ich bin nicht meine Krankheit. Ich bin nicht meine Angst. Ich bin so viel mehr. Und das, was ich wirklich bin, ist immer gesund, immer heil, ewig.“
- Liebe dich – das ist der wichtigste Schritt, den du auf dem Weg zur besseren Bewältigung der Erkrankung oder zur Heilung machen kannst.

Wie Jenny ihre Rückenschmerzen heilte

Ich weiß, dass die Seele den Körper steuert, aber ich bin stets tief bewegt, wenn ich einen Beweis dafür sehe. Die Erfahrungen von Jenny Nagel (siehe auch Seite 140) zeigen auf eindrucksvolle Weise, wie viel Macht jeder von uns hat. Ich möchte dir diese Tatsache immer wieder in Erinnerung rufen und wünsche dir von Herzen, dass du daraus so viel Mut wie möglich für dein eigenes Leben fasst. Kontaktiere Jenny, wenn du magst – sie freut sich darüber. Hier ist die Geschichte ihrer Selbstheilung:

Eines Tages passierte es: Ich machte eine schnelle Drehung, die mich völlig außer Gefecht setzte und mir die allerschlimmsten Schmerzen meines bisherigen Lebens bescherte. Der Schmerz zog sich von der Mitte meines Rückens bis hinunter an das Ende der Wirbelsäule. Von einer Minute auf die andere konnte ich mich kaum mehr bewegen. Sitzen war genauso unmöglich wie gerade stehen, vornüberbeugen oder Socken anziehen. Ich konnte eigentlich nur noch liegen. Die Schmerzen waren unerträglich und wurden täglich schlimmer. Das Einsteigen ins Auto trieb mir die Tränen in die Augen, ich konnte meine Schuhe nicht mehr zubinden, nicht kochen oder meinen Hund ausführen. Über Wochen und Monate suchte ich alle möglichen Ärzte, Masseure und Osteopathen auf. Niemand konnte mir helfen. Zunächst meinten alle, dass es bestimmt kein Bandscheibenvorfall, sondern ein eingeklemmter oder entzündeter Nerv sei. So etwas brauche eben seine Zeit und würde sehr starke Schmerzen verursachen. Ich versuchte, den Ärzten zu vertrauen und schluckte in meiner Verzweiflung die unzähligen Medikamente, die sie mir verschrieben hatten. Keine der Tabletten brachte auch nur die geringste Linderung meiner Pein. Ich hatte große Angst, mich nie wieder normal bewegen zu können. Kurzum: Mein Leben war im Begriff, den Bach hinunterzugehen. Es gab nur noch ein Thema: Schmerzen, die mittlerweile den gesamten Alltag bestimmten. Nach einem knapp viermonatigen Leidensweg wurde mittels einer Magnetresonanz-Untersuchung folgende Diagnose gestellt: Ich litt an zwei schlimmen Bandscheibenvorfällen, die für meine Schmerzen verantwortlich waren. Ich weinte den ganzen Tag und war überzeugt davon, dass mein Leben, wie ich es bisher gekannt hatte, vorbei war.

In der Folge erhielt ich einige Verhaltenstipps, die ich nur schlecht akzeptieren konnte. So sagte man mir, dass ich nicht mehr mit meinem Hund Fußball spielen dürfe (was wir beide sehr gerne taten) und dass ich immer über die Seite aufstehen solle, weil das für die Bandscheiben besser sei. Außerdem wurde mir davon abgeraten, zu joggen oder mit überkreuzten Beinen zu sitzen. Es machte mich aggressiv, daran zu denken, was ich alles beachten sollte. Irgendwie passte ein rückenschonendes Leben in flachen Gesundheitsschuhen so gar nicht in mein Lebenskonzept.

Ich traf also drei Entscheidungen, die mein Leben dramatisch verändern sollten. Erstens: Ich werde an dieser Diagnose nicht zerbrechen. Zweitens: Ich bleibe keine Patientin, deren Leben von Schmerzen und Rückenthemen bestimmt wird. Und drittens: Ich werde mich wieder völlig normal bewegen. Somit hatte ich mein oberstes Ziel, „wieder am Leben teilzunehmen zu können“, definiert und war bereit, alles zu tun, um es zu erreichen.

Dann fiel mir Dr. John Sarnos Buch „Befreit von Rückenschmerzen“ in die Hände. Sarnos Forschungsergebnisse sind spektakulär, aber nicht für jeden anwendbar. Er selbst sagt, dass über 95 Prozent der Menschen nichts damit anfangen könnten. Im Grunde geht er von der Idee aus, dass sich unterdrückte Gefühle – meist Wut und Angst – auf den Körper auswirken und zu Verspannungen und Schmerzen führen. Es ist ein ausgeklügelter Mechanismus des Gehirns, um sich nicht mit unerwünschten Gefühlen beschäftigen zu müssen. Offenbar fällt es vielen von uns leichter, sich auf ein physisches Symptom zu konzentrieren. Bei einem Bandscheibenvorfall entsteht der Schmerz also nicht notwendigerweise durch den Vorfall. Sarno nennt dieses Syndrom das Tension Myositis Syndrome oder auch Muskelverspannungssyndrom. Wird man sich der verdrängten Gefühle bewusst, so jedenfalls die Theorie, verschwinden die Schmerzen rasch. Der Therapieansatz von Dr. Sarno lautet daher: Setzen Sie sich erstens mit ihren Gefühlen auseinander. Und beginnen Sie zweitens wieder mit allen normalen physischen Aktivitäten – trotz der Angst vor Schmerzen.

Dieses Buch hat in mir einen tiefgreifenden Wandel bewirkt und ich bin mir ganz sicher, dass Sarnos' Theorie in meinem Fall zutrifft. Ich hatte die Nase voll davon, von einem Arzt zum anderen zu gehen und ständig irgendwelche „Rücken“-Termine zu haben. Also beschloss ich, alle Ratschläge zu ignorieren, keine Physiotherapie zu machen und mit den Rückenbehandlungen aufzuhören.

Mit meinem Hund fuhr ich zu einem abgelegenen Weg und versuchte zu laufen. Obwohl ich große Angst vor Schmerzen hatte, war ich dazu in der Lage – ganz ohne Rückenprobleme. Ich war total überrascht und hüpfte vor lauter Übermut sogar von einer Seite zur anderen und sprang über die Erdhügel. Selten habe ich mich so fröhlich und frei gefühlt wie bei diesem Lauf nach vier Monaten nahezu kompletter Bewegungsunfähigkeit. Ich war in einem absoluten Glücksrausch.

Dieses Erfolgserlebnis hat mich so richtig motiviert. Ich beschloss, wieder Yoga zu machen, auch mit dem Laufen wollte ich weitertun. Ich will nicht sagen, dass ich nach dieser Entscheidung keine Schmerzen mehr hatte – aber zu keinem Zeitpunkt haben sie meinen Bewegungsdrang gestoppt. In den ersten Wochen hatte ich nach dem Laufen Beschwerden in den Beinen und Zehen und einen ziemlich irritierenden Nervenschmerz auf der Rückseite der Beine, doch inzwischen funktionieren Laufen und Yoga wieder richtig gut und völlig schmerzfrei. Heute habe ich keine Angst mehr vor Rückenschmerzen. Ich sitze, wie ich will, stehe auf, wie es mir passt, mache schnelle Bewegungen, wann immer ich Lust dazu habe. Nur wenige Monate nach der Diagnose habe ich sogar einen Fünf-Kilometer-Lauf um die Wiener Ringstraße absolviert – ein absolut phantastisches Gefühl (und zu einem früheren Zeitpunkt unvorstellbar)!

Ich weiß nun, dass ich ein Mensch bin, der sehr körperlich auf Gefühle, Erlebnisse und Stress reagiert. Seit ich das akzeptiert habe, geht es mir physisch so gut wie nie zuvor. Ich habe gelernt, dass Wut oder Angst bei mir zu Verspannungen führen, mache mir diese Gefühle bewusst und lasse sie zu – auch wenn das manchmal schwerfällt. Die Symptome verschwinden in der Folge meist sehr rasch. Es ist ein wunderbares Gefühl, meinem Körper wieder vertrauen und mich angst- und schmerzfrei bewegen zu können. Seit meiner grundsätzlichen Entscheidung, keine „Rückenpatientin" zu sein, habe ich auch nie mehr Behandlungen in Anspruch genommen. Und das, obwohl ich mich heute mehr und ohne Rücksicht auf meinen Rücken bewege. Ich habe tatsächlich den Eindruck, einen neuen, beweglicheren Körper zu haben, und das ist einfach sensationell!

Wehr dich – das ist in Ordnung

Wie verhältst du dich, wenn dir etwas nicht passt? Es gibt so viele „Möglichkeiten“: Du sprichst die Sache an, du ärgerst dich über die Unverschämtheit (Rücksichtlosigkeit, Herzlosigkeit, Grausamkeit, Gedankenlosigkeit) der Menschen, du kränkst dich extrem und still über die Schlechtigkeit der Welt oder eines bestimmten Menschen, du fühlst dich ohnmächtig, weil du ohnedies nichts machen kannst, du wirst depressiv, bekommst Schmerzen, eine Panikattacke, Herzrasen oder andere körperliche Symptome. Vielleicht wartest du auch darauf, dass sich alles von selbst löst. Manche Probleme tun das tatsächlich, die meisten aber eher nicht.

Die Art und Weise, wie du mit „Missliebigkeiten“ umgehst, bestimmt nicht nur deine Lebensqualität, sondern auch wann du zu denken beginnst: „Ich kann nicht mehr“. Es kostet enorm viel Energie, nicht zu sich selbst und zu den eigenen Wünschen und Vorstellungen zu stehen und Ärger immer nur hinunterzuschlucken. Und diese Energie fehlt dir an anderer Stelle. Manchmal ist es tatsächlich ein Akt der Selbstliebe, nicht auf eine Provokation zu reagieren, eine Unverschämtheit einfach stehen zu lassen oder eine Frechheit zu überhören. Aber nicht immer! Es kann dich auch schwächen und das Gefühl der Ohnmacht stärken.

Ein großer Teil meines Themas („Ich kann nicht mehr“) beruhte auf der Tatsache, dass ich sehr nett bin. Einerseits. Andererseits habe ich „trotz“ des Sternzeichens Krebs den Mond im Widder. Für nicht Astrologie-Kundige: Das bedeutet Temperament. Viel Temperament! Wenn mir also etwas nicht gefiel und ein Konflikt möglich war, stand ich immer vor folgendem Dilemma: Weine ich jetzt? Laufe ich davon? Verstumme ich? Oder soll ich dem anderen sagen, dass ich ihn eigentlich für ein A… halte, es ungeheuerlich finde, was da abläuft? Soll ich mit Konsequenzen drohen, schreien, Türen zuknallen? Lange Jahre entschied ich mich aus Konfliktscheu für das Stummbleiben. Als meine Selbstliebe wuchs, sagte ich mir: „Wehr dich!“ Mein spiritueller

Weg meinte: „Ja, tu das! Aber bleib freundlich! Sei friedlich! Der Sanftmütige beweist Stärke! Du weißt doch, dass die Liebe über den Hass siegt". Ja, das weiß ich. Aber wer sagt das meinem stürmischen Widdermond? Bitte versteh mich richtig. Freundlichkeit ist ein Wert, auch mein Wert. Aber manchmal geht es einfach nicht anders, als, sagen wir einmal, deutlicher zu werden. Ich darf mich ärgern und das auch zeigen. Ich darf wütend sein und das auch ausdrücken. Ich darf auf Facebook zum Bild eines Tierquälers schreiben: Die Pest soll ihn holen! Sehr „unspirituell", aber was soll's. Wenn ich es nicht tue, ersticke ich daran. Ich bin auch hundertprozentig überzeugt davon, dass Gott volles Verständnis für mich hat. Möglicherweise denkt er angesichts mancher seiner Schöpfungen genauso.

Für mich war es immer sehr schwierig auszuhalten, dass ein anderer „böse" ist, wenn ich mich wehre. Das bremste naturgemäß meine Bereitschaft, mir selbst treu zu sein. Außerdem fand ich auf fast schon masochistische Art und Weise Gründe für das unverschämte Verhalten von anderen: Schließlich hatten er oder sie eine schlimme Kindheit gehabt oder ein schweres Leben oder sie waren eben nicht in der Lage, anders zu denken. Blablabla.

Verständnis ist gut, aber denk daran, dass es für viele Verhaltensweisen eine Erklärung geben mag, aber keine Entschuldigung. Und dass es dein Recht ist, darauf zu reagieren. Oder eben nicht zu reagieren. Es kann sein, dass du an manchen Tagen einfach nicht in der Lage bist, eine Grenze zu setzen, obwohl du weißt, dass es angebracht wäre. Vielleicht hast du nicht geschlafen, bist traurig oder fühlst dich aus anderen Gründen nicht gut. Auch das ist völlig in Ordnung. Akzeptiere, dass es heute nicht möglich ist, aber sieh dich deshalb nicht wieder als ewigen Verlierer. Du bist in der Lage, dich zu wehren, aber du musst es nicht immer tun. Diese Haltung wird dich stärken und das Hilflosigkeitsgefühl mehr und mehr mildern.

Ich möchte am liebsten in einer Welt leben, in der jeder lieb ist – zu anderen Menschen, zu Tieren, zur Umwelt. Ich möchte umgeben sein von Frieden, Humor, Wärme, Güte, Verständnis. Aber im Moment ist das – noch – nicht so. Daher mache ich in meinem eigenen Reich

Ordnung. Das kann bedeuten, dass ich auch einmal massiv Grenzen setze. Denn wenn ich es nicht tue, gebe ich meine Macht ab und überlasse der Ohnmacht das Feld. Du und ich – wir sind mächtig!

Du wiederholst nicht immer wieder die Vergangenheit

Neigst du dazu, in bestimmten Situationen immer wieder in alte Reaktionsmuster zurückzufallen? Denkst du dann, dass es doch immer so war, nie anders gelaufen ist und klarerweise immer wieder so laufen wird? Ich verstehe dich ja so gut. Meine Reaktion auf Anspannung waren immer Panikattacken, Migräne oder Komplettzusammenbrüche, die mich für Monate außer Gefecht setzten. Wenn ich mich ein wenig erholt hatte, nahm ich den „Normalbetrieb" wieder auf. Nach relativ kurzer Zeit fühlte ich mich aber erneut extrem überlastet. Das kam nicht so sehr davon, dass ich objektiv zu viel tat, sondern dass alle meine Aktivitäten von dem Gedanken „Hoffentlich geht das gut und ich bekomme keinen Angstanfall, hoffentlich wird mir nicht übel usw." begleitet waren. Ich fühlte mich furchtbar erschöpft, weil alle Aktivitäten wegen meiner Angst und auch wegen meiner Panik vor der Angst so viel Energie kosteten. Ich hielt Vorträge, Seminare und führte meine Praxis. Das alles ist meine Berufung und ich liebe meine Arbeit! Aber ich erzeugte viel Druck um Dinge, die es nicht wert waren oder die ohnedies gut liefen.

Eines Tages war es wieder einmal so weit: Es war Sonntagnachmittag, ich lag auf dem Sofa und fühlte die wohlvertrauten Anzeichen. Mein Solarplexus verkrampfte sich, das Herz schlug viel zu schnell, das Atmen wurde mühsam, und eine Panikattacke kündigte sich an. Das alleine ist schon schlimm, aber bei mir begann sofort das Gedankenkarussell: „Mein Gott, jetzt fängt das Ganze wieder an! Ich werde erneut für Monate ausfallen. Meine Seele und mein Körper sind in letzter Zeit dermaßen überlastet – das kann ja nur ein Zusammenbruch werden. Und das Geld ist auch gerade so verdammt knapp. Was soll denn bloß aus mir werden?" Ich war sicher, dass ich am nächsten

Tag wieder mit dem wohlvertrautem Gefühl reiner Todesangst aufwachen würde. Immer wenn ich so über meine Grenzen gegangen war, war genau das passiert. Immer war ich dann gezwungen gewesen, mein ganzes Leben zu „stoppen“ – und abhängig von anderen, die nur allzu häufig keine Lust mehr auf das panikgeschüttelte Wesen am Sofa hatten. Doch diesmal lief es anders.

Ich erwachte zwar am nächsten Morgen mit dem Gefühl der Angst, aber sie war nicht überwältigend. Und dazu gesellte sich die innere Gewissheit, dass ich ab diesem Zeitpunkt anders mit meiner Erschöpfung umgehen würde als bisher. Gut, ich war aus der Spur und fühlte mich fix und fertig. Aber musste das nun bedeuten, dass ich im Paniksumpf versinken würde? Gab es nicht auch eine andere Möglichkeit, mit dieser Situation umzugehen? Ich wusste plötzlich, wie unglaublich stark ich eigentlich war. Obwohl ich an schlimmen gesundheitlichen Problemen litt, hatte ich mein Leben zum Großteil aktiv gestaltet. Immer wieder war ich aufgestanden, immer wieder hatte ich unter größten psychischen und körperlichen Herausforderungen weitergemacht. Und nach wie vor war ich nicht verbittert, obwohl mir die Angst jede Art von „normalem Leben“ vermasselt hatte. „Mein Gott – ich bin einfach großartig!“, dieser Gedanke schoss mir durch den Kopf und erzeugte eine unglaubliche Freude. Ja, ich war erschöpft, also hieß das unmittelbare Programm: Zurückschalten, früher schlafen gehen, gesund essen, Entspannungsübungen machen. Und ohne schlechtes Gewissen auch Termine verschieben. Die Welt dreht sich weiter, auch wenn ich einmal eine Zusage nicht einhalten kann. Ich würde diesmal nicht so reagieren, wie ich es bisher immer getan hatte. Auf einmal löste sich die starke Verkrampfung der letzten Tage. Ich fühlte mich plötzlich glücklich und leicht. Das Leben war gekommen, um mich zu fragen, ob ich schon bereit war, anders mit meinen Wunden umzugehen als bisher. Und dieses Mal hatte ich laut „Ja, das bin ich!“ gesagt.

Auch bei dir fragt das Leben immer wieder nach: „Bist du bereit für neue Reaktionen?“ Wenn du das nicht bist, ist dir das Leben nicht böse. Ganz sanft sagt es: „Kein Problem, ich komme wieder.“ Also wirst du so lange dieselben Situationen vorfinden, bis du es satt hast, automatisch immer wieder auf die gleiche Art zu reagieren. Du bist kein Roboter – du kannst die Dinge ändern. Ich kann es nicht oft genug wiederholen: „Du musst nicht leiden. Du verdienst es, glücklich zu sein. Du schaffst es, weil du mächtig bist!"

Übe immer wieder, „dich glücklich zu fühlen." Ich mache das auch. Heute war ich zum Beispiel „fliegen": Ich glitt über das Haus, in dem sich meine Wohnung befindet, machte eine Drehung und flog dann Richtung Berge weiter. In der Luft traf ich meine verstorbene Freundin Claudia und meinen Vater. Die beiden sahen äußerst vergnügt aus. Ich musste zwar kurz weinen, aber sie nahmen mich an den Händen, und wir flogen gemeinsam weiter. Alles war heiter, gelöst und wunderschön. Nach einiger Zeit kehrte ich wieder zurück in mein „normales" Leben, aber die Glücksgefühle habe ich mitgenommen – wie jedes Mal. Versuche, dich glücklich zu fühlen, auch wenn deine aktuelle Situation überhaupt nicht lustig ist. Oder gerade dann. Niemand zwingt dich, deine alten Muster immer wieder zu wiederholen. Du kannst anders auf bekannte Herausforderungen reagieren. Zeig dir das einmal selbst.

Sag nein zum Drama

Befindest du dich – scheinbar unausweichlich – immer wieder in dramatischen Umständen? Im Beruf, in deinen Beziehungen oder in einem anderen Umfeld? „Passieren" dir immer wieder Dinge, die deine gesamten Gedanken und Gefühle beanspruchen? Und ganz ehrlich: Gibt es einen Teil in dir, der Dramen geradezu „braucht"?

Wenn du eine „Dramaqueen" oder ein „Dramaking" bist, beklagst du dich zwar über dieses oder jenes und leidest auch heftig unter dem, was sich da immer wieder abspielt, aber tief im Inneren kannst du dir ein Leben ohne diese „Vorfälle" eigentlich nicht vorstellen. Was bleibt von dir, wenn es keine Aufregungen mehr gibt? Wer bist du ohne dein „Drama"? Genau das müsstest du herausfinden, wenn du nicht mehr ausschließlich mit diesen Ereignissen beschäftigt bist. Und davor hast du Angst. Außerdem erzeugen deine Dramen eine Adrenalinausschüttung, durch die du dich spürst. So eigenartig es auch klingt – du fühlst dich dadurch lebendig!

Ihr Lieben – ein derartiger Lebenswandel ist sehr, sehr zerstörerisch. Natürlich soll das Leben nicht langweilig sein, aber ist es das wirklich, wenn ihr nicht gequält werdet oder euch selbst quält? Wenn du zu denen gehörst, die einen Kick brauchen, dann such dir zunächst ein spannendes Hobby, fahr mit der Hochschaubahn, schließ dich einer Expedition ins ewige Eis oder in den Dschungel an. Entreiße den Pyramiden ihre Geheimnisse, besteige den Himalaya, bewirb dich um einen Platz im ersten Touristen-Raumschiff zum Mond oder gründe einen Verein zur Rettung der Welt. Mach, was immer dir die nötige Spannung verschafft, aber nicht mit Qual verbunden ist.

Irgendwann – wenn du genug Adrenalin durch deinen Körper geschickt hast – wirst du begreifen, dass auch Ruhe und Stille Werte sind. Es kann sein, dass du bei diesem Satz ein Schaudern spürst und deswegen der Verdacht naheliegt, dass du dramasüchtig bist. Es ist ein großer Unterschied, ob man Herausforderungen genießt oder ein „aufreibendes" Leben am Limit braucht. „Normalerweise" gibt es eine Zeit für „Action" und eine Zeit für Muße. Wenn du aber Ruhe überhaupt nicht aushältst, dann läufst du durch das Drama vor etwas davon. Und dieses „etwas" bist du selbst. Aber hast du schon einmal gehört, dass jemand es auf Dauer geschafft hätte, vor sich selbst zu fliehen?

Irgendwann holst du dich ein und dann begegnest du dir. Alle deine Schatten, Ängste, die du weggeschoben hast, der tiefe Schmerz der Vergangenheit – sie stehen plötzlich mitten auf deinem Weg. Sie wollen, dass du sie siehst und „auflöst". Das ist Heilung, nicht der ständige Tanz mit dem Drama.

Solltest du dich dir selbst gestellt haben und dich immer noch nach dramatischen Umständen sehnen, dann bist du eben so geartet. Aber dann hast du keinen Leidensdruck, sondern genießt diese spezielle Art von Leben. Und sehr wahrscheinlich erscheint dieses Buch dann nicht einmal auf deinem Radarschirm. Also, sei bitte ehrlich und schau genau hin. Es gibt Menschen, Ereignisse und Situationen, die dich spüren lassen, dass du lebendig bist. Öffne dein Herz und deine Augen. Dann erkennst du, wie viele Wunder es hier gibt: die Natur, den Sternenhimmel, den Zeitpunkt, wenn eine Knospe zur Blüte wird oder eine Raupe zum Schmetterling, ein Gebäude, das seit Tausenden von Jahren auf die Menschheit herabblickt, je nach Vorliebe Malerei, Musik, Literatur, Dinge, die unter deinen Händen entstehen – eine Handarbeit, ein Möbelstück, eine Glasmalerei. Es ist geheimnisvoll und noch immer ein Rätsel, wie der Körper in jeder Sekunde arbeitet, wie die Zellen kommunizieren, wie der Geist die Materie lenkt. Beschäftige dich doch einmal mit diesen Dingen und staune. Das ist spannend! Und wenn du einmal das Wunder in jedem Augenblick erkennen kannst, dann brauchst du kein Drama mehr.

So geht Partnerschaft

Ja, es gibt auch gute Partnerschaften. Aber wenn ich ehrlich bin, sind mir nicht viele Paare bekannt, die ihr „Unternehmen" so führen, dass ich sagen würde: „Passt!" In kaum einem Lebensbereich wird so extrem gelitten wie in sogenannten Liebesbeziehungen. Ich kann zu diesem Thema etwas beisteuern und das kannst du wahrscheinlich auch. Viele von uns akzeptieren „aus Liebe" Gegebenheiten, die nur mit drei Wort bezeichnet werden können: Das pure Grauen! Da wird gelogen, betrogen, hintergangen, abgewertet, beherrscht, kontrolliert oder misshandelt. Es regieren Kälte, Gleichgültigkeit und manchmal auch richtige Grausamkeiten. Und dennoch versichern Betroffene, dass sie ohne „diesen" Menschen nicht leben können. Wir klammern uns an das Zusammensein, als ob es ums Überleben ginge. Das ist in gewisser Weise auch der Fall, denn nie wird unsere tiefste Wunde so sehr berührt, nie kommen wir der Angst vor dem Verlust so nahe wie in Beziehungen. Wir werden an die Verlassenheit erinnert, die wir als Kinder empfanden. Damals hatten wir Todesangst und genau diese

Angst flammt in der aktuellen Situation wieder auf. Jeder von uns wählt intuitiv Partner, die zu den alten Familienthemen passen. So findet eben nicht Herz zu Herz, sondern altes Muster zu altem Muster. Unsere Herzen bleiben meist verschlossen, wir stehen vor Türen, die sich für uns nicht wirklich öffnen. Aber wir begegnen erst dann Menschen mit offenen Herzen, wenn wir das Schloss an unserem eigenen Herzen beseitigt haben.

Wenn du an zerstörerischen Mustern festhältst und schließlich glaubst, dass du „nicht mehr kannst", ist es höchste Zeit, dir selbst ein paar Fragen zu stellen: Hast du wirklich noch Lust auf all die Machtspiele? Willst du wahrhaftig deine Zeit mit einem Menschen verbringen, der dich nicht zu schätzen weiß? Möchtest du deine gesamte Energie dafür verwenden, jemanden davon zu überzeugen, dass er dich lieben muss? Ich weiß, wie schwer das Loslassen gerade dann ist, wenn es gleichzeitig das Einzige ist, was Sinn ergibt. Aber sich nach jemandem zu verzehren, der dich nicht (mehr) liebt, ist wie warten auf ein Schiff. Am Flughafen.

Wenn du wegen deiner Partnerschaftsprobleme denkst, dass du „nicht mehr kannst und nicht mehr willst", dann können dir folgende Empfehlungen helfen:

1. Öffne dein Herz, indem du als erstes dich selbst liebst und indem du dich erinnerst, dass dein wahres Wesen Liebe ist. Damit ist die Hauptarbeit schon getan. Denn wenn du dich auf diese Liebe besinnst, lösen sich viele Probleme fast wie von selbst. Du wirst dir dann in jeder Hinsicht guttun wollen und weder Selbstzerstörung noch Zerstörung von außen akzeptieren. Nach dem Spiegelgesetz ziehst du nun einen Menschen in dein Leben, der genauso tickt wie du. Und das ist die beste Voraussetzung für ein erfüllendes Miteinander.
2. Wenn du unter einer Beziehung extrem leidest oder jemanden, der dich verlassen hat, unbedingt wiedergewinnen willst, dann gibt es nur eine Lösung: Lass los! Ich weiß, dass du das nicht hören willst, aber es ist nun einmal der einzige Weg. Wenn ein Mensch an deiner Seite sein soll, werden sich die Dinge fügen. Und wenn

nicht, dann kannst du so lange mit deinem schönen Kopf gegen die Wand laufen, bis er mit Beulen überzogen ist. Aber es wird nichts nutzen. Und im Übrigen: Du verdienst einen Menschen, der sich freut, dass du in seinem Leben bist!

3. Natürlich können sich Versuche lohnen, Lösungen für Probleme zu finden. Das geht aber nur, wenn der Partner „mitspielt". Wenn er aber der Meinung ist, „ich bin okay, nur du bist es nicht", zeigt er, dass er auf keinen Fall etwas verändern möchte. Und dann stehst du auf verlorenem Posten. Beide müssen wollen, dass sich die Beziehung bessert, dann bestehen auch gute Chancen dafür. Allerdings nur dann.
4. Wie gefällt dir folgendes Szenarium? Du und dein Partner, ihr liebt euch von Herzen. Jeden Tag staunt ihr über das Glück, euch gefunden zu haben. Und es gibt nur eine Frage, die euch bewegt: „Wo warst du so lange?" Es ist wunderschön, zusammen zu sein, aber es ist auch in Ordnung, bei Bedarf ein wenig Abstand zu haben. Keiner fühlt sich dadurch bedroht, weil das Vertrauen groß ist. Ihr könnt miteinander lachen, weinen und hie und da auch streiten. Aber dieser Streit wird zu einem noch besseren Verständnis für den anderen führen. Keiner verletzt den anderen absichtlich, ihr sprecht über eure Betroffenheit, wenn einer die Wunden des Partners berührt. Jeder weiß, welches Geschenk diese Beziehung ist, und wird sie nicht leichtfertig aufs Spiel setzen. Sollte es dennoch zu Kränkungen kommen, tut der eine alles, um den anderen zu verstehen und wieder „ins gemeinsame Boot" zu holen. Jeder liebt sich selbst, ist aber im Sinne der Partnerschaft zu gesunden Kompromissen bereit. Beide kennen ihre alten Muster und können bei Rückfällen auch darüber lachen. Denn Humor ist eine der wertvollsten Eigenschaften in eurer Beziehung. Wenn es dir schlecht geht, ist der Partner an deiner Seite und umgekehrt. Jeder will, dass es dem anderen gut geht. Und beide tun alles, was in ihrer Macht steht, damit dem auch so ist. Liebevolle Gesten sind bei euch nicht die Ausnahme, sondern die Regel. Berührungen, Aufmerksamkeit, gute Gespräche sind „normal". Sexualität wird so gelebt, dass es für

beide passt. Dabei gibt es keine Normen in Bezug auf die Häufigkeit oder die Art und Weise. Denn auch hier findet ihr einen Weg, der für beide zur Lebensfreude beiträgt.

Klingt doch gut, oder? Gib dir selbst das Versprechen, dass du nur mehr Beziehungen führen willst, die in etwa dieser Beschreibung entsprechen. Du glaubst nicht, dass das möglich ist? Dann erzähle ich dir jetzt eine wahre Geschichte: Eine 75-jährige Dame zieht in ein Seniorenheim. Sie ist verwitwet, krank und psychisch extrem angeschlagen. Die Ehe war nicht besonders glücklich, aber sie hat die meiste Zeit ihres Lebens mit diesem Mann verbracht. Sie weiß, dass nun die „letzte Phase" beginnt, und das führt zu einer Depression. Sie fängt an, sich zu vernachlässigen, und sieht keinen Sinn mehr auf dieser Welt. Dann trifft sie „ihn". Er ist älter als sie, ebenfalls verwitwet und schon länger Bewohner im Heim. Nun beginnt eine Liebesgeschichte, die alle verzaubert, die mit den beiden in Berührung kommen. Hand in Hand gehen sie jetzt durchs Leben. Die körperlichen Krankheiten der Dame verschwinden völlig, die Depression ist Geschichte und sie pflegt sich wieder so wie früher. Sie ist dermaßen attraktiv, dass auch die anderen Herren versuchen, ihre Aufmerksamkeit zu erregen. Das freut sie zwar, aber sie hat nur Augen für ihn. Die beiden leben ihre Beziehung so, wie ich es oben beschrieben habe. Sie plaudern, reisen, machen Ausflüge und bräunen ihr Gesicht in der ersten Frühlingssonne am Balkon. Beide können es nicht erwarten, dem anderen Freude zu bereiten. Dabei geht es um liebevolles Kümmern ebenso wie um finanzielle Hilfe. Wer mehr hat, teilt es freudig.

So läuft eine Partnerschaft, die diesen Namen verdient. Nur so. Und je mehr du dich liebst, desto weniger wirst du eine Beziehung akzeptieren, die weit unter diesen Vorgaben liegt. In einer echten Partnerschaft werden auf jeden Fall Wunder geschehen. Im eigenen Leben und in jedem anderen, das davon berührt wird. Und nie wieder wirst du denken, dass du nicht mehr kannst und nicht mehr willst.

Take action – tu etwas

Dieses Kapitel ist wichtig für dich, wenn du dazu neigst, dich zu verkriechen, auf der Couch einzurollen oder im Bett unter der Decke zu verschwinden. Ich weiß, dass Couch & Co. bei Angst, Depression oder anderen Beeinträchtigungen oft die einzig möglichen Aufenthaltsorte darstellen. Aber: Wenn es irgendwie geht – tu etwas!

Dabei gehst du am besten so vor:

- Überlege, was dir – trotz allem – wichtig ist.
- Finde heraus, was dich interessiert, auch wenn das Interesse vorerst „nur klein" ist.
- Wähle etwas aus, das trotz deiner Verfassung machbar ist. Und dann tu es!

Wenn du leidet, neigst du dazu, dieses Leid – aus verständlichen Gründen – zum Mittelpunkt deines Denkens und Fühlens zu machen. Möglicherweise ist die „Natur deines speziellen Zustandes" auch so geartet, dass du gar nicht anders kannst: Panikattacken, körperliche Schmerzen, tiefer Kummer oder Depressionen stellen sich sozusagen von selbst in das Zentrum der Aufmerksamkeit. Aus diesem Grund ist es besonders wichtig, deinen Kopf und dein Herz, so gut es eben geht, auch mit anderen Inhalten zu füllen. Wenn du beim besten Willen nicht weißt, was dir Freude machen könnte – tu irgendetwas! Besuche Vorträge, mach einen Ausflug, putz endlich dein Auto, entrümple die Wohnung, ordne deine Finanzen, lass kaputte Dinge reparieren oder wirf sie weg. Geh in eine Parfümerie und informiere dich über neue Makeup-Trends. Kauf dir etwas zu essen und setz dich damit unter einen Baum, lehn deinen Rücken an seinen Stamm und fühle die tröstliche Stütze. Geh in einen Buchladen und schau, welches Buch dir „zufällt". Besuche Vernissagen, Buchpräsentationen, eine Messe oder ein bestimmtes Bauwerk. Schlendere über einen Markt, durch ein Möbelhaus oder ein Antiquariat.

Ein nächster wichtiger Schritt kann das Engagement für eine Sache sein. Vielleicht siehst du schon ein wenig Licht für dich und deine Situation, aber auch wenn du noch nicht so weit bist, schau dich auf dieser Welt um. Es gibt viel zu tun. Kinder in der Dritten Welt, gequälte Tiere, Kriegsopfer, die Umwelt, der Frieden, behinderte Menschen, Sterbende oder Migranten warten darauf, dass du ihren Anliegen eine Stimme gibst. Möglicherweise willst du auch in deiner näheren Umgebung aktiv helfen: Du kannst zum Beispiel eine Nachbarin oder einen alten Menschen unterstützen, ein Kind betreuen oder Tiere sitten.

Mir liegen Tiere extrem am Herzen, obwohl ich normalerweise nicht dafür geeignet bin, „an der Tierschutzfront" tätig zu sein. Mein Nervensystem ist so konstruiert, dass ich am Ort des unmittelbaren Geschehens keine Hilfe wäre. Also fahre ich nicht nach Bosnien, Rumänien oder Ungarn. Aber ich spende Futter, unterstütze meinen Patenhund Bambi und mache Aufklärungsarbeit. Das kann ich. Damit bin ich gefordert, aber nicht überfordert. Einmal verspürte ich den dringenden Impuls, an einer Demonstration gegen das Morden der rumänischen Straßenhunde teilzunehmen. Zunächst stand ich bei der Kundgebung einfach daneben. Aber dann drückte mir jemand eine Tafel in die Hand, auf der stand „Stop killing dogs!" Einer der Veranstalter zog mich nach vorne, und plötzlich stand ich in der ersten Reihe. Die Musik spielte eine unendlich traurige Melodie, Aktivisten legten Stoffhunde als Symbol für die getöteten Tiere neben einen Kranz. Und dann verbreitete sich roter Rauch, um das vergossene But darzustellen. Unter normalen Umständen wäre mir das alles zu heftig gewesen. Aber an diesem besonderen Tag passte es. Ich stand am Stephansplatz, im Zentrum meiner Heimatstadt Wien, hielt eine Tafel hoch und weinte. Die Tränen liefen mir ungehindert über die Wangen. Aber das war in Ordnung. Ich stand da – gegen das Morden, für das Leben und drückte vor einer Menge von Einheimischen und Touristen meine Gefühle aus. Trotz des traurigen Anlasses bin ich selten stolzer auf mich gewesen. Ich wurde fotografiert, und das Bild wurde auf Facebook über hundert Mal geteilt. Während der ganzen Zeit dachte ich kein einziges Mal an mich selbst. Meine Gedanken waren gefangen von der Situation und der Freude darüber, dass sich viele Fremde erkundigten, worum es denn da ging. Eine Rumänin kam zu mir und sagte in gebrochenem Deutsch: „Bitte nicht glauben, dass alle Rumänen so sind. Viele lieben Tiere."

Überlege dir, ob es etwas gibt, wofür du brennst. Etwas, wobei du zumindest für kurze Zeit dein Leid vergessen kannst. Und dann tu etwas! Was immer du machst, es wird dir eine neue Perspektive zeigen. Und es lohnt sich, auch wenn dadurch keines deiner Probleme gelöst ist. Denn ein Einsatz, der dir wirklich etwas bedeutet, öffnet dein Herz. Und das kann nur gut sein.

Sammle außergewöhnliche Geschichten

Ich habe immer wieder festgestellt, dass mir Dinge passieren, die zumindest ungewöhnlich sind. Diese Erlebnisse haben meinen Glauben daran gestärkt, dass nicht alles so ist, wie es scheint. Und das hat mir auch für mein Leben wieder neue Perspektiven gegeben. Ich habe erkannt, dass es tatsächlich eine Welt hinter der Welt gibt – eine Welt, die wir im Normalfall nicht wahrnehmen. Welche Wunder verbirgt dieser Schleier? Was könnte es noch geben, das unsere Sinne in der Regel nicht übersetzen können?

Eines Morgens döste ich noch vor mich hin. Ich wusste genau, wo ich mich befand, dass es bereits hell war und dass ich nicht schlief. Doch plötzlich hatte ich das eigenartige Empfinden, woanders zzu sein, nicht mehr in meinem Bett, sondern am Eingang des Hauses, in dem meine Praxis ist und mit dem mich eine weitere Geschichte verbindet: Genau dort, wo ich heute Menschen berate – nur vier Stockwerke darüber – wurde ich gezeugt. Ich stand also vor dem Haus und blickte nach oben. Plötzlich merkte ich, wie ich vom Boden abhob und Richtung vierten Stock schwebte – was mich einerseits entsetzte und andererseits faszinierte. Zur Sicherheit begann ich, Schwimmbewegungen zu machen. Das ging unheimlich schwer, aber ich hatte Angst, dass ich sonst abstürzen würde. Doch auf halber Höhe angelangt, bemerkte ich, dass mich die Luft „trug“, dass es nicht nötig war, diese Bewegungen zu machen. Ohne Zutun glitt ich ganz leicht dahin – bis hinauf zu den Fenstern der Dachwohnung. Zu meinem größten Erstaunen lagen dort meine – noch ziemlich jungen – Eltern im Bett und schliefen. Ich glitt in die Wohnung hinein und konnte dort jedes Detail erkennen. In der Ecke stand ein alter Schrank, die Tür zum Vorraum war offen und ich wusste, dahinter befand sich eine kleine Küche. Im Bewusstsein, dass da einerseits etwas Seltsames vorging, andererseits aber alles völlig normal war, schwebte ich durch die ganze Wohnung. Meinen Körper empfand ich zwar ein wenig „nebelhaft“, aber er erfüllte alle gewohnten Funktionen, ich konnte sehen, hören und fühlen. Durch die Luft zu gleiten, war eine neue, aber sehr angenehme Erfahrung.

Doch mit einem Mal war ich wieder zu Hause in meinem Bett. Ich merkte, dass ich auf dem Bauch lag und wollte mich umdrehen – nur war das nicht möglich, mein Körper gehorchte mir einfach nicht. Panik stieg in mir hoch. Was war hier geschehen? War ich gestorben, war mein Körper „tot“? Ich nahm all meine Willenskraft zusammen und versuchte, zumindest den kleinen Finger zu bewegen. Nach etlichen Versuchen gelang mir das auch. Mit äußerster Anstrengung drehte ich mich schließlich um. Ich lag nun auf dem Rücken, atmete heftig und bewegte meine Gliedmaßen. Alles schien wieder zu funktionieren, und ich war ungeheuer erleichtert. Später erzählte ich meiner Mutter von dieser Geschichte und beschrieb ihr, was ich in der Wohnung gesehen hatte. Sie konnte sich zwar nicht an alles erinnern, bestätigte aber, dass viele Details stimmten. Die Folge dieses Erlebnisses war ein unglaubliches Glücksgefühl, das einige Zeit anhielt: Es war tatsächlich so, es gab eine Existenz „ohne Körper“. Ich – also das, was ich wirklich bin – konnte unabhängig von meinem Körper existieren. Ich interpretiere mein Erlebnis so, dass ich zwar physisch im Bett gelegen bin, meine Seele aber unterwegs war. Als sie sich wieder mit meinem Körper vereinigte, kam es zu einigen „Holprigkeiten“ und deshalb funktionierte das Zusammenspiel nicht gleich.

Ich bin überzeugt davon, dass sich genau das abspielt, wenn wir sterben. Unzählige Berichte von Menschen mit Nahtoderfahrungen zeigen, dass sie auch nach dem Verlassen des Körpers sehen, hören, denken, fühlen oder sich blitzschnell bewegen konnten. Bei mir verblasste das starke Gefühl der Glückseligkeit zwar nach einiger Zeit, aber der tiefe Eindruck, den das Geschehen bei mir hinterlassen hat, ist unauslöschbar geblieben.

Ein zweites wichtiges Erlebnis hatte ich vor einigen Jahren. Ich ging spazieren und plötzlich flog ein riesiger, schwarzer Rabenvogel direkt auch mich zu. Knapp vor mir drehte er zwar in eine andere Richtung, streifte aber mit seinem Flügel noch meinen nackten Oberarm. Ich stieß einen Schrei aus – und war gleichzeitig fasziniert. Zwar hatte ich schon erlebt, dass diese Vögel in Parks durchaus die Nähe von Menschen suchen, wenn sie gewöhnt sind, gefüttert zu werden, aber im schnellen Flug von einem Raben berührt zu werden – davon hatte ich noch nie gehört. Seit diesem Tag finde ich auf meinen Wegen immer wieder schwarze Federn. Für mich sind sie ein schönes Zeichen dafür, dass ich mich sicher fühlen soll. Ich habe Recherchen über diese Tiere angestellt und erfahren, dass sie seit jeher „Mittler zwischen den Welten" genannt werden. Alle schwarzen Federn, die ich nun finde, sammle ich. Sie stecken in Vasen und Blumentöpfen oder schmücken den Innenraum meines Autos.

Achte darauf, ob auch du Erlebnisse hast, die ungewöhnlich sind. Viele Menschen, die in meine Praxis kommen, erinnern sich an solche Begebenheiten. Wenn wir darüber sprechen, fällt ihnen auf, dass in diesen Geschichten immer eine Botschaft enthalten ist, die Kraft gibt und tröstet. Eine liebe Freundin zum Beispiel saß in ihrer Küche, als sie plötzlich ihre Mutter vor sich sah, die in einer anderen Stadt lebte: Sie wirkte wesentlich jünger, als sie zu diesem Zeitpunkt tatsächlich war, winkte meiner Freundin fröhlich lachend zu und verschwand wieder. Nach einem kurzen Schreck ist meine Freundin ganz ruhig geworden. Unmittelbar nach diesem Erlebnis erhielt sie die Nachricht vom Tod ihrer Mutter. Heute ist sie überzeugt davon, dass ihre Mutter „vorbeigekommen ist", um ihr mitzuteilen, dass es ihr gut gehe.

Oder: Meine Freundin Claudia hat den Platz fotografiert, an dem ihre geliebte Katze gestorben ist. Sie wusste damals nicht genau, warum sie das tat. Aber als sie das Bild betrachtete, sah sie genau an der Stelle ein wunderschönes, grünes Licht, das sich weit ausdehnte. Es strahlte einen unglaublichen Frieden aus. Und es war, als ob das Tier eine Nachricht hinterlassen hätte: „Ich bin noch da. Nur anders."

Halte dich nicht für verrückt, wenn du „Übersinnliches" erlebst. Diese Erfahrungen haben mit Sicherheit eine tröstliche Botschaft für dich.

Hilfreiche Gedanken

Ich habe die Erfahrung gemacht, dass ein richtiges Wort zur rechten Zeit wahre Wunder wirken kann. In dunkleren Stunden haben mich die passenden Worte ermutigt, abgelenkt oder einfach zum Lachen gebracht. Es war nicht zuletzt diese Beobachtung, die dazu führte, dass ich eine eigene Facebook-Seite einrichtete, die anderen Mut machen soll (www.facebook.com/lieb.dich.selbst).

Dort schreibe ich seither über die Dinge, die mir immer sehr geholfen haben. Aber sei so kreativ wie möglich, auch deine eigenen Weisheiten zu finden.

Bis jetzt

Wenn du jemandem deine Geschichte erzählst, achte darauf, bei den Schilderungen deines Leidenszustand immer die Worte „bis jetzt" einzufügen. Du hast immer Angst? Bis jetzt war das so. Du leidest an Depressionen, Geldmangel einer schwachen Gesundheit? Gut, das war eben bis jetzt so. Du kannst keine Grenzen ziehen, lässt dich ausnutzen oder stellst zu hohe Ansprüche an dich und andere? Bis jetzt war das zweifellos so. Aber das heißt nicht, dass das ewig so weitergeht. Mit „bis jetzt" lässt du dir die Chance, dass sich alles zum Besseren ändert. Aber wenn du über deinen Leidenszustand immer wieder mit Nachdruck sprichst, erzeugst du nicht nur die gleiche Hoffnungslosigkeit immer wieder, sondern auch alle anderen Gefühle, die dazugehören. „Bis jetzt" öffnet die Türe für eine neue Perspektive.

Nur heute

Leiden wird zur Gewohnheit. Wenn du lange genug gelitten hast, kommt dir eine Bewältigung deines Leidens immer unwahrscheinlicher vor. Bis du eines Tages gar nicht mehr für möglich hältst, dass sich je etwas bewegt. Da ist der Gedanke, dass du „nur heute" versuchst, dich zu lieben, Dinge zu akzeptieren, und dich positiven Gedanken zuzuwenden, zumindest vorstellbar. Nur heute findest du es toll, dass du alles Bisherige überlebt hast, nur heute hältst du es für möglich, dass es Glück auch für dich gibt, dass innerer Friede durchaus erreichbar ist und dass du es schaffst, alte Muster aufzulösen. Nur heute lässt du deine Vergangenheit ruhen, machst Pause mit dem Groll gegen Mutter und Vater, denkst an etwas anderes als an deinen Ex-Partner, nur heute akzeptierst du dein Gewicht und die Arbeitslosigkeit, nur heute hast du Vertrauen in deine finanzielle Situation, nur heute hältst du für möglich, dass sich alles zum Guten wendet und eine Lösung für jedes deiner Probleme existiert. Und nur heute gestehst du dir zu, dass du trotz deiner Probleme glücklich sein kannst. Verstehst du? „Nur heute" – das ist ein überschaubarer Zeitraum, der dich nicht überfordert. Auch wenn deine Verzweiflung unendlich tief ist und dein Schmerz grenzenlos – für 24 Stunden kannst du es wagen, die Dinge anders anzugehen, neue Gedanken einfach stehen zu lassen und für möglich zu halten, dass es besser wird. Viel besser. Versuch es einfach!

Komm Schmerz – wir erledigen das!

Ich habe die Erfahrung gemacht, dass Schmerz erst dann losgelassen werden kann, wenn er vollkommen akzeptiert wurde. Manchmal denkst du, dass du ein bestimmtes Thema „erledigt" hast. Und dann geschieht irgendetwas, jemand drückt den berühmten Knopf, und plötzlich ist die Trauer, der Zorn oder die Verzweiflung wieder da – obwohl du jahrelang eine Therapie gemacht hast und diese Wunde für geheilt hieltest. Es ist ein Hinweis darauf, dass eben nicht alles erledigt ist, sondern dass du das Licht der „Heilungstaschenlampe" noch einmal auf deine Wunde richtest. Verdränge den Schmerz nicht und schummle dich nicht darum herum. Bagatellisiere ihn nicht, aber mach auch kein Drama daraus. Sieh ihm ins Gesicht und sage: „Gut, du bist noch da. Sag mir, was du brauchst, um dich zu verabschieden. Ich bin da und höre zu." Meist benötigt der Schmerz noch mehr Akzeptanz und Mitgefühl. Er ist nicht dein Feind, sondern zeigt dir, wo offene Wunden versorgt werden wollen.

Sehr interessant. Welchen Teil meiner Persönlichkeit werde ich jetzt angesichts dieses Ereignisses zeigen?

Wenn etwas passiert, das dich aufregt, verletzt, kränkt oder wütend macht, dann ist das immer ein sicheres Zeichen dafür, dass einer deiner alten Schmerzen berührt wurde. Normalerweise tust du nun das, was du immer schon getan hast: Du weinst, ziehst dich zurück, bist beleidigt oder aggressiv, weinst noch mehr, redest nicht mehr mit dem „Übeltäter", fühlst dich hilflos, ausgeliefert oder überfordert, bekommst Magen- oder Kopfschmerzen und willst die Angelegenheit so schnell wie möglich verdrängen. Wenn du aber nicht sofort „wie immer" reagierst, sondern das Ganze einmal grundsätzlich interessant findest, hast du einen großartigen Schritt in eine heilsame Richtung gemacht.

Eine weitverbreitete Frage bei schlimmen Erfahrungen lautet: „Warum?" Ich bin überzeugt davon, dass alles, was geschieht, aus einem bestimmten Grund passiert. Allerdings werden wir diesen Grund in vielen Fällen nicht erkennen. Halte dich also nicht ewig mit Nachforschungen auf. „Warum hat er sich in diese Frau verliebt?", „Ich bin anständig und ehrlich – andere nicht. Wieso geht es den anderen dennoch besser?", „Warum musste er so früh sterben?" Auf solche und ähnliche Fragen gibt es sicher eine Antwort, allerdings meist keine, die wir erfassen können. Du entscheidest, wie du dich zu allen diesen Gegebenheiten stellst. Deine innere Haltung kann aus jeder Tatsache eine Hölle machen oder eine große Chance. Sag dir: „Okay, das ist jetzt passiert. Wie werde ich reagieren? Welche Art von Mensch möchte ich sein?" Aber die „Warum-Frage" ist sehr sinnvoll, wenn es darum geht, eigenes Denken, Fühlen und Verhalten zu beleuchten. „Warum habe ich Missbrauch an mir so lange zugelassen?" oder „Warum kann ich nicht loslassen?" – diese Fragen haben durchaus ihren Sinn. Und die Antwort darauf kann dir wirklich weiterhelfen.

Wenn ein Zug nicht an deiner Haltestelle hält, ist es nicht dein Zug

Willst du oft das Schicksal „zwingen"? Dieser eine Mensch muss dich lieben, diesen bestimmten Job musst du bekommen, er oder sie muss zu dir zurückkommen. Aber wenn es nicht dein Zug ist, dann wird er vorbeifahren.

Wenn der Himmel will …

Diese Worte des Geistheilers Gabriel Nader (siehe Seite 126) nehmen den Druck, etwas kontrollieren zu müssen. Etwas wird geschehen oder nicht – wenn es so sein soll oder eben nicht. Himmel bedeutet für mich in diesem Zusammenhang: Es wird gut sein – was auch immer geschieht.

Weitere Sätze, die ich genial finde, weil sie die Dinge auf den Punkt bringen, lauten:

- „Ich weiß nicht, wohin mich das Leben führt. Aber ich bin auf meinem Weg."
- „Manche Menschen kommen nur in dein Leben, um dir zu zeigen, wie man loslässt."
- „Hoffnung ist nicht die Überzeugung, dass etwas gut ausgeht. Sondern die Gewissheit, dass etwas Sinn hat – egal wie es ausgeht." (Vaclav Havel)
- „Sei der Regenbogen in der dunklen Wolke eines anderen."
- „Ich bin kein Sklave der Dunkelheit. Ich bin ein Diener des Lichts." (Rumi)

- „Hör auf damit, andere in eine bestimmte Richtung pressen zu wollen. Geh deinen eigenen Weg in Liebe zu dir selbst und der Fluss des Lebens wird die Menschen mittragen, die echte Weggefährten sind. Pressen kostet große Anstrengung, fließen kostet gar nichts."
- „Wenn dein Herz offen ist, ist der momentane Augenblick genug. Wenn dein Herz verschlossen ist, ist es niemals genug."
- „Ich hatte viele Ausreden dafür, mich nicht zu verändern. Ich versuchte immer wieder, sie vor mir selbst und anderen zu rechtfertigen. Aber am Ende des Tages waren es einfach Ausreden."
- „Welchen Weg ich auch nehme – ich gehe nach Hause."
- „Entspann dich – nichts ist unter Kontrolle."
  Das klingt jetzt hart, aber ist es nicht so? Ich meine, unter deiner bewussten Kontrolle ist letztendlich nichts, die Seele checkt natürlich alles. Und noch weiter gedacht: Es gibt nichts, was du kontrollieren musst – du bist immer sicher.
- „Können wir jemanden hassen, der Sklave seiner eigenen verstörenden Emotionen ist, anderen deshalb schadet und sich schließlich selbst zugrunde richtet? Verdient er nicht eher unser Mitgefühl?" (Dalai Lama)
  Ich hasste jeden Tierquäler und jeden Menschen, der Hilflosen Leid zufügt – doch das änderte überhaupt nichts, sondern vergiftete nur mich selbst. Dieser Satz stoppte meinen Hass zwar nicht sofort, aber er eröffnete mir eine neue Sichtweise.
- „Es gibt keine Sicherheit. Aber es gibt unglaublich viel Angst, sie zu verlieren."
  Was tust du und was vermeidest du, damit du vermeintlich sicher bist? Natürlich ist es nicht klug, unnötige Risiken einzugehen. Aber ein wenig mehr Mut wäre nicht schlecht, denn das Leben will gelebt und nicht nur von der Ferne beobachtet werden.
- „Sieh die Fülle, nicht den Mangel."
  Konzentriere dich auf das, was da ist und nicht darauf, was fehlt. Schenk deine Aufmerksamkeit dem, was möglich ist, und nicht dem, was nicht geht. Du wirst erstaunt sein, was dann passiert.

Geistheiler Gabriel Nader – der Mann, der vom Himmel fiel und jetzt hier unten hilft

Ich lernte Gabriel auf einer meiner Buchpräsentationen kennen. Er kam in Begleitung eines Bekannten, der mir immer wieder empfohlen hatte, mich wegen meiner chronischen Rückenbeschwerden und sonstiger Leiden einmal von Gabriel behandeln zu lassen. Die Vitalogie-Methode (www.vitalogie.at) hatte schon vielen Menschen bei verschiedenen gesundheitlichen Problemen geholfen. Ich fand Gabriel sehr sympathisch, dachte aber spontan: „Oh mein Gott, schon wieder jemand, der mir nicht helfen wird." Schließlich war ich wegen meiner Panikzustände und der schlimmen Schmerzen schon bei gefühlten hunderttausend Fachleuten gewesen. Mehr als fünf Jahr später fand ich dann doch den Weg zu Gabriel. Eine Magnetresonanz-Untersuchung hatte eine Verschlechterung meiner Bandscheibensituation aufgezeigt, und ich war bereit, noch einmal etwas Neues zu versuchen.

Ziemlich verzweifelt lag ich also auf einer Liege im abgedunkelten Raum. Wie aus weiter Ferne erklang mystische Musik, die mich auf seltsame Weise tröstete. Der Raum war erfüllt von duftenden Ölen. Die ganze Situation fühlte sich an, als ob ich eine andere Welt betreten hätte – einen Ort, an dem alles gut und heil ist. Gabriel berührte mich sanft, und langsam ließ meine Anspannung nach. „Keine Angst, Sabine", flüsterte er, „keine Angst." Ein tiefes Gefühl von Geborgenheit breitete sich in mir aus. Unwillkürlich musste ich lächeln. Ich beschloss, ihm zu vertrauen und mich fallen zu lassen. Was hatte ich zu verlieren? Während der weiteren Sitzungen bei ihm habe ich geweint, gelacht, geseufzt und immer wieder ganz tief durchgeatmet. Das Unglaubliche war, dass ich mir sehr oft eine Berührung an einer bestimmten Stelle wünschte, weil ich dort noch eine starke Anspannung spürte. Und schon in der nächsten Sekunde legte er seine Hände genau auf die betreffende Stelle. Wie war das möglich? Ich weiß bis heute nicht, wie er das macht, aber während der Sitzungen geschieht es immer wieder.

Gabriel wurde in Ägypten geboren. Schon als Kind sah er die Aura der Menschen und spürte auf extrem intensive Weise, was in anderen vorging. Doch zunächst wusste er mit dieser Gabe nichts anzufangen. So studierte er vorerst an der Technischen Universität und wurde Geschäftsmann. Doch das spirituelle Drängen in ihm wurde immer stärker – bis er schließlich von seinem Beruf zu seiner Berufung wechselte. „Alles, was nicht meinem wahren Weg entsprach, hat mir keine innerliche Erfüllung gebracht", meint Gabriel heute. Er sagte der Welt der kühlen Logik und des rationalen Denkens adieu und entwickelte mit Hilfe erworbenen Wissens, eigener Forschungen, seiner Intuition und der „Führung des Himmels" die ganzheitliche Geistheilungsmethode Vitalogie. Dabei werden durch Berührungen an Wirbelsäule und Nervensystempunkten alte Blockaden gelöst und die Selbstheilungskräfte können ungehindert ihre Arbeit tun. Das Besondere an Gabriels Methode ist, dass fast immer die Ursache des Leidens beseitigt wird.

Obwohl Gabriel aufmerksam zuhört, müssen ihm seine Klienten gar nichts von ihren Beschwerden erzählen. Oft weiß er schon am Telefon oder beim Öffnen der Tür, was den Menschen fehlt. Und er spürt genau, was zu tun ist. Manchmal „übernimmt" Gabriel auch die Verfassung seiner Klienten. So war er, ohne medizinische Ursache, einmal eine Woche fast gelähmt und ein anderes Mal an einem Auge blind. Häufig leidet er an Schmerzen am ganzen Körper. „So fühle ich selbst, was andere durchmachen", sagt Gabriel.

Ich habe im Laufe meines Lebens viele Heiler kennen gelernt, deren Ego alles überragte. Einer meinte zum Beispiel voller Überzeugung: „Ich und Gott heilen". In dieser Reihenfolge! Bei Gabriel ist von dieser Arroganz nichts zu spüren. Er legt Wert auf die Feststellung, dass nicht er es ist, der jemanden gesund macht, sondern dass er als Werkzeug des Himmels fungiert. Darüber hinaus ist er der festen Überzeugung, dass sich jeder durch Änderung seiner Denkmuster und durch das Einstimmen auf die innere Weisheit selbst heilt: „Gott hat uns nach seinem Ebenbild geschaffen. Damit ist nicht das Aussehen gemeint, sondern die Tatsache, dass jeder von uns einen göttlichen Funken in sich trägt. Wir sind manifestiertes Licht. Schon Jesus sagte: ‚Ihr seid das Licht der Welt'. So haben wir auch jederzeit Zugang zu unendlicher Intelligenz, Vollkommenheit und Heilung. Alles ist in uns, im Außen werden wir es nicht finden." Und einmal sagte Gabriel zu mir: „Ich bin nur dein Assistent, eine Art Butler, der dir die Türe aufmacht. Die Hauptheilungsarbeit machst du selbst." Das gefiel mir sehr. Auch dieser Ausspruch ist von ihm: „Jeder Mensch kann die Welt positiv verändern. Er muss diese Veränderung nur vorleben und als Beispiel für seine Mitmenschen vorangehen."

Zu Gabriel Nader kommen Menschen, die an den verschiedensten psychischen oder körperlichen Beeinträchtigungen leiden. Manche wünschen sich Unterstützung auf ihrem spirituellen Weg. Sie reisen aus ganz Europa an, um bei ihm Hilfe zu finden. Auch viele Ärzte lassen sich von seinen kundigen Händen behandeln. Manchmal sind die Beschwerden schon nach einer einzigen Sitzung gemildert oder verschwunden, ein anderes Mal sind mehrere Termine nötig. Es gibt die Möglichkeit, an einer Gruppenstunde teilzunehmen oder eine Einzelbehandlung zu buchen. Gabriel reist auch durch Österreich und sogar ins Ausland, um den Menschen mit Hilfe seiner Vitalogie dabei zu helfen, ihre Gesundheit und damit auch ihre Lebensfreude wiederzuerlangen.

Ich kann Folgendes berichten: Die Schmerzen, die mich jahrzehntelang gequält haben, sind um vieles geringer geworden. Meine Ängste haben sich weiter reduziert und ich mache nun Dinge, die für mich früher unmöglich gewesen wären. Nach wie vor gehe ich immer wieder zu einer Sitzung bei Gabriel – es ist einfach ein heilendes Erlebnis. Aber Achtung, bei diesem Mann besteht Suchtgefahr!

Zahlreiche Menschen haben mir über ihre Erfahrungen, über die Hilfe, die sie bei Gabriel gefunden haben, berichtet. Auszüge aus diesen Berichten möchte ich dir hier gerne zeigen.

L. G., 27, Krankenschwester/Gesundheitsmanagement, Wien:

Ich litt seit meinem 16. Lebensjahr an hormonellen Störungen. Die Ärzte konnten mir nicht helfen und verschrieben mir die Pille. Dann fand ich den Weg zu Gabriel. Vor allem zu Beginn der Behandlung kamen viele Themen aus meiner Vergangenheit hoch, und ich begann zu verstehen, was mich psychisch und physisch belastete. Bereits nach ein paar Besuchen fühlte ich mich wesentlich wohler. Schließlich brachte ich den Mut auf, die Pille abzusetzen, die ich elf Jahre lang eingenommen hatte. Ich entschied mich damit für den natürlichen Weg der Heilung – mit Gabriels Begleitung. Seine Behandlung half mir, meine Selbstheilungskräfte soweit zu aktivieren, dass ich heute wieder einen funktionierenden Zyklus habe. Ich möchte auch gleich die Gelegenheit nützen und Gabriel für seine liebevolle Begleitung vielen herzlichen Dank sagen. Ich weiß das wirklich sehr zu schätzen und bin unendlich froh, dass ich zu ihm gefunden habe!

P. S., 22, Sportler, Wien:
Vor sechs Jahren besuchte ich ein Sportgymnasium in Wien. Durch die schulische und sportliche Dauerbelastung konnte ich irgendwann vor lauter Schmerzen – in der Leistengegend, im Schambeinbereich und in den Lendenwirbeln – keinen Sport mehr betreiben. Ich konnte nicht laufen, auch das Gehen bereitete mir Probleme. Zudem litt ich unter Unreinheiten im Gesicht, die sich zu einer Akne auswuchsen. Ich musste ständig irgendwelche Ärzte aufsuchen und bekam schließlich die niederschmetternde Nachricht, dass ich nie mehr Sport treiben dürfe. Somit war mein Traum von einer Sportkarriere geplatzt. Dann hörte ich von Gabriel Nader und seiner selbstentwickelten Vitalogie-Methode. Schon nach der ersten Behandlung spürte ich eine Verbesserung. Nach der dritten Behandlung konnte ich bereits ein bisschen Sport treiben, nach der fünften Behandlung war ich schmerzfrei. Auch meine Haut verbesserte sich und wurde wieder rein. Es ist kaum zu glauben: Ich nahm schließlich an vielen Wettbewerben teil und erreichte immer wieder einen Platz unter den ersten drei. Mein vorläufiger Höhepunkt heißt: Ich habe Österreich bei den Olympischen Spielen vertreten!

Jessica Burtscher, 35, Projektmanagerin/Produktionsmanagerin, Vorarlberg:
Unser Sohn Marco hatte einen schwierigen Start ins Leben. Er erlitt einen Schlaganfall bei der Geburt, später kamen noch ein zweiter und eine schwere Form von Epilepsie dazu. Wir konsultierten einen Arzt nach dem anderen, Marco musste viele Medikamente nehmen – aber nichts hat geholfen. Irgendwann empfahl mir eine Freundin den Geistheiler Gabriel Nader. Schon das erste Treffen mit Gabriel war für Marco etwas ganz Besonderes. Er lächelte danach sehr oft und war fröhlich.

Marco hatte seit seiner Geburt die rechte Hand zur Faust geballt, man konnte sie fast nicht aufmachen. Vor eineinhalb Jahren hat uns der Arzt dringend empfohlen, Botox zu spritzen, damit seine Hand locker wird. Mein Bauchgefühl hat mir sofort gesagt „ Mach es nicht, Jessica, wir finden eine andere Lösung." Dann fragte ich Gabriel um Rat. Er meinte „Wir können versuchen, etwas zu bewirken. Den Rest machen der Himmel und Marco selbst." Nach einem Jahr war Marcos Hand total locker – ohne Botox! Die Physiotherapeutin meinte, dass auch seine Handschiene nicht mehr notwendig sei. Ärzte und Therapeuten sind immer wieder erstaunt darüber, wie gut es Marco geht. Nach jedem Besuch bei Gabriel fällt ihnen auf, dass sich wieder etwas zum Besseren verändert hat. Viele Menschen sagen mir auch, welch Sonnenschein Marco ist. Er strahlt eine tiefe Zufriedenheit aus und ist glücklich mit seinem Leben.

Auch mein Mann und ich haben ganz tolle Erfahrungen mit Gabriel gemacht. Er sagt immer: „Höre auf dein Herz!" Ich erlebe, wie ich bei jeder Sitzung positiver werde, und verspüre eine tiefe Dankbarkeit für alles, was ich in meinem Leben erfahren darf. Heute kann ich sagen: Egal was kommen mag, es gibt für alles eine Lösung.

Familie Bichl, NÖ:
Unsere Tochter Madlen litt seit ihrer Geburt an Blähungen. Sie hatte nur einmal in der Woche Stuhl, manchmal dauert es noch länger. Wir haben alles ausprobiert – warme Bäder, Globuli, Zäpfchen, Bauchmassagen. Nichts hat geholfen, und Madlen weinte oft den ganzen Tag vor Bauchschmerzen. Dann hörte ich von Gabriel. Schon beim ersten

Besuch war das Kind viel ruhiger als sonst. Gabriel sagte mir, dass Madlens Kreuzbein und Atlas verschoben seien. Als wir mit ihr nach Hause kamen, hatte sie zwar am selben Tag Stuhl, weinte aber noch. Doch langsam wurde die Situation um vieles besser. Nach zwei Wochen hatte sie jeden Tag Stuhl und war wie ausgewechselt. Es geht ihr gut!

Bernadette Gattinger, 36, Diplomierte medizinisch-technische Fachkraft, NÖ:
Ich hatte seit meiner Pubertät immer wieder einen Ausschlag um Mund und Nase. Die Diagnose lautete: periorale Dermatitis. Nach langer Zeit mit Salben und Cremen, die letztendlich nichts gebracht haben, wurden mir schwere Antibiotika verschrieben Aber der Ausschlag kam immer wieder. Dann hörte ich von Gabriel Nader. Schon die erste Behandlung war absolut außergewöhnlich – eine derartige körperliche Erfahrung habe ich noch nie gemacht. Ich hatte auch von Anfang an vollstes Vertrauen zu ihm. Was soll ich sagen? Nach der zweiten Sitzung war mein Hautbild fabelhaft! Jeder, der schon einmal mit Hautproblemen zu kämpfen hatte, weiß, wie hartnäckig so etwas sein kann! Bis heute hält sich dieser Zustand und ich bin sehr glücklich darüber!

(Anmerkung: Mir liegen nahezu unglaubliche Vorher-Nachher-Fotos von Bernadette Gattinger vor.)

Karin, 37, Lehrerin, NÖ:
Ursprünglich kam ich wegen Rückenschmerzen, Knieproblemen, verschobener Wirbel, Pilzerkrankungen und vor allem wegen meiner Kinderlosigkeit zu Gabriel. Im Laufe der Behandlungen verschwanden nicht nur die vielen körperlichen Beschwerden, auch meine Ängste, Sorgen und negativen Gedanken wurden weniger. Und endlich war ich schwanger! Ich musste allerdings viel liegen und mich körperlich sehr schonen. Gabriel schickte mir eine Ölmischung zur Unterstützung und erklärte sich bereit, mir aus der Ferne zu helfen. In der 32. Schwangerschaftswoche hatte ich einen Blasensprung und musste unter Einhaltung strengster Bettruhe eine Woche im Spital verbringen, ehe mein Sohn per Kaiserschnitt auf die Welt geholt wurde. Während der Schwangerschaft

und vor allem im Krankenhaus war ich erstaunlicherweise die meiste Zeit gut aufgelegt. Ich wusste einfach, dass alles gut wird. Gabriel hat unseren Sohn und mich immer wieder fernbehandelt. Er hat gespürt, wann es lebensbedrohlich war und genau dann Unterstützung geschickt. Als der kleine Jan Gabriel mit etwa fünf Monaten zum ersten Mal sah, wollte er unbedingt zu ihm. Es war, als würde er ihn wiedererkennen. Ich kann in Worten nicht annähernd beschreiben, wie unendlich dankbar ich bin, dass ich Gabriel kenne und er uns geholfen hat!

Monika Winkler, 33, Heilmasseurin, Waldviertel:
Ich hatte – nach einem Verkehrsunfall – zwei Schlüsselbeinverplattungen, dann noch eine Gebärmutterhals-Operation und musste mehrfach Magenuntersuchungen über mich ergehen lassen. Im Zuge der Rehabilitation, durch ambulante Therapien und viele Privatbehandlungen trat eine leichte Besserung ein. Aber immer wieder litt ich an Rückenschmerzen , Blasenentleerungsstörungen, Schwindel mit kleinen Zitterbewegungen, die von der Halswirbelsäule ausgingen, Angstzuständen speziell beim Autofahren, in kleinen Räumen sowie unter zu vielen Menschen. Des Weiteren litt ich unter Ohrensausen, Haarausfall, flacher Atmung, Parästhesien, Zyklusstörungen und Magenproblemen. Durch die vielen Beeinträchtigungen blieb ich lieber zu Hause, ich wollte keinen Menschen sehen.

Dann kam ich zu Gabriel – einem herzlichen, liebevollen Mann. Während der ersten Behandlung spürte es sich an, als würde er mich irgendwo herausziehen oder etwas von mir abziehen. Auf jeden Fall fühlte ich mich immer wohler.

Ich musste anfangs auch nicht meine lange Leidensschichte erzählen, was sehr entlastend für mich war. Gabriel spürte einfach, was los war, ohne dass ich darüber sprach. Nach weiteren Sitzungen bemerkte ich, dass meine schon lange bestehende Fruktoseintoleranz verschwunden war, die Neurodermitis nicht mehr kam, und die Verdauung wieder sehr gut funktionierte. Der Schwindel hörte auf, und ich konnte wieder so gut sehen, dass ich keine Brille mehr brauchte. Mein Hautbild wurde schöner, der Haarausfall war gestoppt, und ich fühlte mich generell entspannter. Das Ohrensausen wurde weniger, und meine Periode normalisierte sich. Nach der fünften Sitzung konnte ich wieder komplett angstfrei Auto fahren! Ich kann nur jedem empfehlen, sich von Gabriel behandeln zu lassen und freue mich für alle, die diesen Weg finden.

Annemarie Kronberger, 53, Angestellte, NÖ:
Ich hatte im Februar 2013 einen Bandscheibenvorfall in der Lendenwirbelsäule. Der Arzt behandelte mich mit schmerzhemmenden Spritzen, aber die Schmerzen wurden immer schlimmer. Im Herbst 2013 empfahl mir ein Orthopäde, zusätzlich zu den physikalischen Behandlungen drei Nervenwurzelausschaltungen im Spital machen zu lassen. Eine Freundin informierte mich dann im darauffolgenden Sommer über Gabriel Nader und seine Vitalogie. Ich nahm an fünf Gruppensitzungen teil, wobei die körperlichen Reaktionen beim zweiten Mal am heftigsten waren. Prickeln in Händen und Füßen, sogar im Gesicht, eine starke Durchblutung, speziell in dem Bein, das seit meinem Bandscheibenvorfall durch eine Nervenverletzung eine taube Stelle im Fersenbereich hatte. Es ist faszinierend zu beobachten, was sich im Körper alles tut und wie lange Reaktionen bemerkbar sind. Ich habe zwar unmittelbar nach der Behandlung leichte Kopfschmerzen beziehungsweise verspüre ein Zucken in den Beinen und Füßen, danach aber überwältigt mich ein Glücksgefühl, empfinde ich Lebensfreude und Offenheit. Ich kann mehr im Jetzt sein. Natürlich ist das Geschnatter meines Verstandes nach wie vor da. Aber ich kann immer mehr die Stille „dazwischen" wahrnehmen, im Wissen, dass ich Bewusstsein bin und nicht mein Körper oder mein Verstand. Jedenfalls habe ich gelernt, loszulassen, zuzulassen, wegzulassen. Ich achte und liebe mich mehr.

Ich bin unendlich dankbar dafür, Gabriel begegnet zu sein. Er ist wahrlich ein himmlisches Werkzeug. Oft habe ich das Leben nur als Last empfunden, heute erkenne ich immer mehr, dass es ein Geschenk ist.

Daniela Lang, 42, Bankangestellte, Wien:
Durch eine Empfehlung lernte ich im Jahr 2009 Gabriel Nader und seine Vitalogie-Methode kennen. Damals hatte ich starke Rückenverspannungen und konnte Hals und Kopf nicht nach links oder rechts drehen. Jede Bewegung war sehr anstrengend und eine Qual, aber nach ungefähr drei Sitzungen bei Gabriel wurde mein Rücken lockerer. Auch bei anderen Problemen mit dem Bewegungsapparat konnte mir nur Gabriel helfen. Ich würde ihn heute jederzeit einem Orthopäden vorziehen. Lieber einen guten, erfahrenen Menschen wie Gabriel aufsuchen, als sich beim Arzt nur eine Spritze abholen.

Lieber Gabriel – ich kann dich wirklich aus vollem Herzen und mit bestem Gewissen weiterempfehlen.

Daniel, 34, Lehrer, Oberösterreich:
Etwa drei Jahre lang hatte ich immer wieder ein Stechen bzw. Nervenschmerzen im rechten Fuß. Alle Untersuchungen waren ergebnis- und die Ärzte ratlos. Infiltrationen in den Rücken halfen nur für kurze Zeit, ab Februar 2014 brachte auch das keine Erleichterung mehr. Bis zum Sommer wurden die Beschwerden stärker und waren schließlich ständig da, besonders heftig beim Autofahren und bei langem Sitzen. In den Sommerferien wurden die Schmerzen schließlich massiv schlechter. Ich war bei über zwanzig Ärzten, Therapeuten und Rückenspezialisten und auch in Krankenhäusern. Nichts und niemand war in der Lage, mir zu helfen. Irgendwann konnte ich vor lauter Schmerzen nicht einmal mehr sitzen.

Letztendlich wurde mir Gabriel Nader empfohlen. Die erste Behandlung war sehr anstrengend. Ich wurde am ganzen Körper steif, mir war total schwindlig und ich stand „neben mir". Aber schon am nächsten Tag waren die Schmerzen wesentlich geringer, ich konnte auch wieder für kürzere Zeit ohne Beschwerden sitzen. Und mit jedem Termin bei Gabriel verbesserte sich meine Situation.

Lieber Gabriel, danke für deine Hilfe. Du hast mein Leben gewandelt und mich wieder gesund gemacht.

Menschen, die helfen

Es gibt immer wieder Hilfe auf deinem Weg. Das können Zeitungsartikel, Bücher oder Hinweise aus jeder anderen Quelle sein. Natürlich kannst du dich auch an „Fachleute im weitesten Sinn“ wenden. Ich weiß, dass das oft nicht leicht ist, vor allem dann nicht, wenn du niemanden kennst, der dir Tipps gibt. Wenn du bei jemandem einen Termin ausgemacht hast – verlass dich immer auf deine innere Stimme. Nicht jeder ist geeignet, dich zu begleiten. Sei vorsichtig bei Menschen, die Heilung versprechen (das kann niemand!), einen Personenkult um sich betreiben, starre Regeln aussprechen, nicht bereit sind, auf deine Ängste einzugehen oder unverhältnismäßig viel Geld verlangen. Ich weiß, dass komplementäre oder alternative Therapieformen oft privat bezahlt werden müssen. Das ist natürlich eine Belastung und da gibt es für die Krankenkassen noch viel zu tun. Aber sei auch bereit, wenn es dir irgendwie möglich ist, für deine psychische und körperliche Gesundheit Geld auszugeben. Überprüfe deine Prioritäten, frage dich, ob du dir ein Netzwerk von Helfern schaffen solltest. Sei nicht entmutigt, wenn du nicht gleich die passenden Menschen findest. Bei mir hat es Jahre gedauert, Jahre, in denen ich mich vollkommen alleingelassen gefühlt habe. Heute bin ich überzeugt davon, dass auch diese Phase Sinn hatte. Im Endeffekt bin immer ich selbst es, die etwas bewirkt, andere sind „Werkzeuge“, die zum richtigen Zeitpunkt in mein Leben treten. Den Geistheiler Gabriel kannte ich beispielsweise schon ein halbes Jahrzehnt, ehe ich mich in seine Hände begab.

Ich empfehle hier Menschen, die mir in verschiedenen Bereichen meines Lebens geholfen haben, sie leben zum großen Teil in meiner Heimatstadt Wien. Sicher findest du aber auch in deinem Umfeld die für dich geeignete Hilfe. Lies dir durch, welche Erfahrungen ich gemacht habe – möglicherweise hilft dir das auch bei deiner Entscheidung (ganz besonders ans Herz legen möchte ich dir die beiden Interviews). Höre aber immer auf die sanfte Weisheit in dir, denn sie allein kann dir vermitteln, ob du gut aufgehoben bist.

Dipl.-Ing. Bärbel Prevost, Tierkommunikatorin, Energetikerin, Masseurin (Lomi Lomi Nui), Coach, www.sui-yaca.at
Ich lernte Bärbel als Klientin kennen. Sie ist nun seit Langem auf ihrem eigenen Weg, der sie als Schamanin bis nach Peru geführt hat. Ein großes Anliegen ist ihr das Gespräch mit Tieren. Das Zusammenleben mit meiner Hündin Gioia gestaltet sich nicht immer einfach, und Bärbel hat uns beiden schon oft geholfen. Sie kommuniziert auch mit Tieren, die bereits gestorben sind. Wenn dein Haustier schon über die Regenbogenbrücke gegangen ist, kann sie dich vielleicht dabei unterstützen, damit fertigzuwerden. Solch ein Kontakt ist zutiefst berührend und tröstlich.

Bärbel bietet auch Massagen (Lomi Lomi Nui, eine traditionelle hawaiianische Massageform) an, die sich durch lange, sanfte Streichungen auszeichnen. Eine Anwendung dauert 90 Minuten und du fühlst dich dabei wie im Urlaub. Coachings sowie Aura- und Chakrenarbeit gehören ebenfalls zu Bärbels Angebot.

Du bist in der Lage mit Tieren Kontakt aufzunehmen, die bereits verstorben sind. Wie machst du das?
Das Gespräch mit verstorbenen Tieren funktioniert genauso wie die Kommunikation mit denen, die noch leben – mittels telepathischer Methoden. Dafür benötige ich ein Foto, den Namen des Tieres und die Fragen, die der Besitzer dem Tier stellen möchte. Telepathie bedeutet sinngemäß „Fühlen auf Distanz“. Die Kommunikationspartner müssen dabei nicht räumlich anwesend sein. Mit einfachen Techniken stelle ich dann die Frequenz her, über die ich Botschaften auf der nonverbalen Ebene empfangen kann. Es funktioniert so ähnlich, wie wenn du beim Radio eine Frequenz einstellst, um einen bestimmten Sender zu hören. Ich kann mit verstorbenen Tieren kommunizieren, weil die Seele unsterblich ist. Viele haben bereits vom Prinzip der Energieerhaltung gehört. Es besagt, dass Energie lediglich umgewandelt wird, jedoch nicht erzeugt oder vernichtet werden kann. Die Seele von Menschen und Tieren existiert daher auch nach dem Tod weiter. Während Tiere ausgeprägte Fähigkeiten zur telepathischen Kommunikation besitzen,

haben wir Menschen diese oftmals verlernt. Wir werden jedoch mit den nötigen Anlagen dazu geboren und können sie mit einfachen Techniken wieder erlernen.

In welchen Fällen kann eine Kontaktaufnahme sinnvoll sein?
Eine Kontaktaufnahme ist dann sinnvoll, wenn der Besitzer noch Fragen an sein Tier stellen will. Zum Beispiel, wenn er wissen will, wo es sich nun befindet, was es dort macht oder wie es ihm geht. Es besteht auch die Chance, eine noch immer belastende Situation zu klären, wenn zu Lebzeiten des Tieres keine Möglichkeit dazu bestand. Der Besitzer kann seinem Tier also eine Botschaft zukommen lassen und umgekehrt.

Welche Erfahrungen machst du dabei?
Häufig mache ich die Erfahrung, dass die Kommunikation mit dem Tier dem trauernden Menschen große Erleichterung verschafft. Mit dem Tier „sprechen" zu können, führt zu einem besseren Verständnis von Geschehnissen oder Situationen. Ich finde die Tiergespräche meist sehr liebevoll und rührend. Der Tod spielt eine große Rolle in unserem Dasein und das Gespräch mit dem verstorbenen Liebling ist eine wunderbare Gelegenheit, einen so wichtigen Teil des Lebens zu verarbeiten. Dadurch wird es auch möglich, nicht nur mit Schmerz, sondern auch mit einem angenehmen Gefühl auf gemeinsame Erinnerungen zurück zu blicken.

Dr. Barbara Stekl, Juristin im Verein „Frauen beraten Frauen", Dipl. Lebens- und Sozialberaterin, Elternberaterin, Körpertherapeutin nach der Methode Ergosom, www.stekl.at
Barbara Stekl ist mit allen Bereichen vertraut, die Trennung und Scheidung betreffen. Sie berät seit vielen Jahren Menschen, die bei diesen Anlässen in psychische und rechtliche Krisen geraten. Außerdem behandelt sie auf Wunsch den Körper mit sanften Griffen, um Verspannungen und auch seelische Blockaden zu lösen.

Du berätst Menschen in Trennungssituationen. Was sind dabei die häufigsten Probleme?
Trennungen sind meist sehr schmerzhaft und ein tiefgreifender Prozess. Viele schildern ihn sogar wie ein Todeserlebnis. Fast immer werden dabei alte Wunden aus der Kindheit berührt. Situationen, in denen wir von Bezugspersonen verlassen wurden, kommen hoch und verstärken die aktuellen Schmerzen. Sich in einer Trennungsphase begleiten zu lassen, bietet auch die Chance, alte Wunden zu heilen und dadurch am Ende gestärkt aus dem Leid hervorzugehen. So ist die Trennung nur scheinbar ein Ende. Denn in Wahrheit ist sie der Anfang und die Chance auf einen geglückten Neubeginn. Natürlich können Betroffene das zunächst nicht so empfinden. Loslassen ist nun einmal sehr schwierig. Eine einfühlsame Unterstützung kann dabei sehr hilfreich sein.

Wie läuft eine erste Beratung ab?
Bei der ersten Sitzung geht es darum, sich zunächst einmal kennen zu lernen und Vertrauen aufzubauen. Für mich als Beraterin ist es auch wichtig, zu erkennen, wo die Ratsuchende emotional gerade steht. Da gibt es verschiedene Szenarien. Erstens: die Klientin ist gerade verlassen worden und steht unter Schock. Dann sind „Erste-Hilfe-Maßnahmen" wie zum Beispiel einfühlsame Gespräche, die Trost und Kraft geben, notwendig. Zweitens: Sie weiß nicht, ob sie sich trennen soll. Drittens: Sie ist bereits zur Trennung entschlossen, leidet aber an Schuldgefühlen. Je nach Ausgangslage setzt also meine Beratung ein. Dabei gibt die Klientin das Tempo vor und ich begleite sie.

Gibt es auch ein ganz konkretes Hilfsangebot?
Es besteht unter anderem die Möglichkeit, in den Beratungsstunden Gedankenreisen zu machen. Wenn eine Frau nicht weiß, ob sie gehen oder bleiben soll, machen wir gemeinsam eine Phantasiereise, die den Zugang zur verschlossenen Gefühlswelt wieder öffnet. Zusätzlich zu den Gesprächen biete ich auch die heilsame Tiefenentspannung Ergosoma an. Dabei werden in einem Ruhezustand oft neue Lösungswege sichtbar.

Was gibt es bei einer Trennung noch zu beachten?
Sehr oft ist es wichtig, zu entschleunigen. Viele, die zu mir kommen, sagen: „Ich halte es nicht mehr aus und will nur ganz schnell aus allem heraus!" Es kann allerdings gefährlich sein, sich schnell und ohne Information über die Konsequenzen scheiden zu lassen – was oft passiert, wenn der andere Druck macht. Ich spreche auch die rechtlichen und pragmatischen Konsequenzen mit der Klientin durch, da ich als Juristin über die Rechtslage und die möglichen „Fallstricke" Bescheid weiß. Eine Scheidung ist eine Lebensentscheidung und stellt meist auch existenziell neue Weichen. Es lohnt also, nichts zu überstürzen.

Wie soll sich eine Klientin bei Drohungen verhalten?
Sie sollte unbedingt den 24-Stunden-Frauennotruf anrufen, um sich von Expertinnen beraten zu lassen. Es besteht auch die Möglichkeit, in einem Frauenhaus Schutz zu suchen. Sind die Kinder gefährdet, muss sie das Jugendamt informieren. Bei Gefahr im Verzug bitte die Polizei verständigen.

Von einer Trennung betroffene Männer können sich an eine Männerberatung wenden.

Dr. Karin Kuzara, Fachärztin für Psychiatrie, Psychotherapeutin in Wien, www.kuzara.at
Jeder, der schon versucht hat, einen kompetenten und einfühlsamen Psychiater zu finden, weiß, wie schwer das ist. Dr. Karin Kuzara ist eine wohltuende Ausnahme. Du bekommst ziemlich rasch einen Termin und musst dann keine Sekunde warten. Und das ist im Psychonotfall ein Geschenk!

Dr. Grazyna König-Zalewski, Ärztin für Allgemeinmedizin, Chinesische Medizin, Akupunktur in Wien, Tel. +43 1 879 47 45
Bei Dr. König-Zalewski landen viele, die bereits umsonst versucht haben, Hilfe zu finden. Sie verwendet die manuelle Biophotonentestung in der Traditionellen Chinesischen Medizin. Mit dieser speziellen

Methode findet sie heraus, was jemandem „fehlt" und behandelt dann gezielt psychische wie auch körperliche Beschwerden. Ihre Kräutermischungen passen damit genau auf das jeweilige Zustandsbild.

Mag. Jennifer Nagel, Ordnungscoach im Raum Wien, www.inordnung.at

Du wolltest dich schon immer von Ballast in Haus, Wohnung, Dachboden oder Keller befreien? Jenny hilft dir dabei! Sie sorgt dafür, dass deine Wohnung wieder atmen kann, und schafft ein Ordnungssystem, damit das auch so bleibt.

Dr. Norbert Kohrgruber, Facharzt für Dermatologie und Venenmedizin in Wien, www.wien-hautarzt.at

Wenn du einen guten Hautarzt suchst, dann bist du hier richtig. Schau einmal auf die Website, da siehst du, was Dr. Kohrgruber alles anbietet. Er ist ein ganz Netter und geht auch auf diverse Ängste ein – in meinem Falle ist das eine Spritzenphobie.

Zoran Marjanovic, Masseur, Tel. +43 660 813 54 69

Zoran hat mich im Laufe der vergangenen 20 Jahre sehr oft vor der totalen „Schmerzverzweiflung" gerettet. Und das auch am Wochenende oder an Feiertagen! Ruf ihn an, wenn du rund um Wien wohnst und dich daheim massieren lassen willst.

Mag. Sabine Standenat, Klinische Psychologin und Gesundheitspsychologin – das bin ich!, www.standenat.at
www.facebook.com/lieb.dich.selbst

Natürlich bist du auch bei mir herzlich willkommen. Ich biete Einzelstunden, Telefonberatung und Seminare zum Thema „Lerne dich selbst zu lieben, dann liebt dich das Leben".

Gabriel Nader, Geistheiler, www.vitalogie.at
Gabriel behandelt mittels der von ihm entwickelten Methode „Vitalogie“. Wenn du körperliche oder psychische Schmerzen hast, kann er dir vielleicht auch helfen (siehe Seite 126).

Nimm Hilfe in Anspruch, wenn du nicht mehr kannst oder nicht mehr willst. Das ist keine Schande, sondern ein wichtiger Akt der Selbstliebe!

NACHWORT

Ich freue mich sehr, dass du den Weg mit mir gegangen bist.

Und ich wünsche mir von Herzen, dass du dich ermutigt fühlst, deine ganz besondere Reise in ein neues Leben anzutreten.

Du kannst das. Du schaffst das. Erinnere dich immer daran, wer du wirklich bist.

Nimm Kontakt mit mir auf, wenn du magst.

Also, ich geh jetzt leben. Kommst du mit?